U0137600

Parenting
with
Love and
Wisdom

这样爱你
刚刚好，
我的0—1岁孩子

朱永新　孙云晓　李燕　主编

蓝玫　副主编　　陈露　杨薇　本册作者

湖南教育出版社

编 委 会

把幸福还给家庭（代序）

父母的教育素养，直接影响甚至决定着孩子的发展。

在教育中，家庭是成长之源。一个人的一生有四个重要的生命场：母亲的子宫、家庭、学校和职场。其他三个场所随着时间改变，家庭却始终占据一半的分量，是最重要的场所。孩子的成长，最初是从家庭生活中得到物质和精神的滋养。人生从家庭出发，最后还是回到家庭。

在家庭教育中，父母的成长是孩子成长的前提。家庭教育不只是简单的教育孩子，更是父母的自我教育。没有父母的成长，永远不可能有孩子的成长。与孩子一起成长，才是家庭教育最美丽的风景，才是父母最美好的人生姿态！抚养孩子并不仅仅是父母的任务，也是父母精神生命的第二次发育。对孩子的抚育过程，是父母自身成长历程的一种折射。如果父母能够用心梳理孩子的教育问题，就能回顾和化解自己成长中出现的问题，就能实现精神生命的第二次发育，再次生长。

过一种幸福完整的教育生活，是家庭教育的根本朝向。"幸福"不仅仅是教育的目标，更是人类的终极目标。幸福教育是幸福人生的基础。新教育实验的理想，就是让人们快乐、自主地学习，真正地享受学习生活，发现自己的天赋与潜能，在和伟大事物遭遇的过程中发现自我、成就自我。教育本来就是增进幸福的重要途径。挑战未知，合作学习，应该是非常幸福的。所以，家庭应该和学校、社区一道，努力创造让孩子幸福成长、快乐学习的环境。把童年还给孩子，把幸福还给家庭，是我们这套教材的核心理念。

"完整"的内涵比较丰富，但最重要的精神就是让孩子成为他自己。现在教育很大的问题，就是用统一的大纲、统一的考试、统一的评价，把本来具有无限发展可能的人变成了单向度的人。我们的教育是补短，就算把所有的短补齐了，也只是把所有的孩子变成一样了，而不是扬每个孩子所长。其实，真正的教育应该扬长避短。人什么时候最幸福？发现自己才华，找到自己值得为之付出一生努力的方向，能够痴迷一件事情，实现自己的梦想，一个人在这时才是最幸福和快乐的。这就是新教育所说的完整幸福。

如今，教育是父母最关注的问题，但家庭教育却在父母的焦虑中常常脱离了正确的轨道。为了"幸福完整"这一目标，我们的父母应该建设一个汇聚美好事物的家庭，自身也应该成为美好的人，从而帮助孩子成为更好的自己。

理念比方法更重要，但并不意味着方法没有价值，相反，只有好的方法才能让好的理念真正落地。因此，我们邀请了知名教育研究机构的相关专家，精心编写了这套新父母系列教材。这是国内第一套从孕期开始直到孩子成为大学生的父母系列读本，希望能够为不同年龄、不同阶段孩子的父母提供蕴藏正确理念的有效家庭教育方法。

父母对孩子的爱，再多也不嫌多。父母如何爱孩子？随着时代的变迁，方法也在不断改变。如何才能更好地爱？我们以"智慧爱"的理念，探索着充满智慧的、恰到好处的爱的方法，对此还在不断研究之中，这套书也会不断修订。希望广大父母读者及时提出意见与建议，让我们一起完善这套书，让我们对自己、对孩子、对世界，都能爱得刚刚好。

朱永新

2017年6月16日写于北京滴石斋

目 录

1

第 一 章

家有 0—1 岁宝宝

1. 认识0—1岁的孩子

　　小生命没出生之前，寄生在母体中过着安全舒适的生活，他的营养、呼吸、排泄等新陈代谢活动都是由母体代劳；身体被温暖的羊水包裹，很少受到外界刺激的直接影响。随着脐带的剪落，寄生生活结束了，婴儿与母体之间的生理联系也切断了。一个全新的生活空间展示在婴儿面前：湿润的羊水被干燥的空气所代替，温度不再恒定，黑暗和安静也被打破，各种声、光、形、色刺激纷纷向他袭来……婴儿不得不去适应这些生存方式和生活环境的巨大变化。

　　在即将到来的一年里，你会发现孩子经历着惊人的成长过程。

　　从刚刚出生看到的是"黑白模糊"的世界，到能够看清这个世界的颜色，看清爸爸妈妈的脸，就这样，宝宝开始认识这个世界。

　　从吃了睡、睡了吃的新生儿期开始，他像积蓄能量的动植物一样慢慢苏醒，抬头、翻身、咿咿呀呀与人说话，开始对世界充满兴趣。窗外飘动的树叶，房间外传来的流水声，妈妈用吹风机发出的声音，大人说话时不断变化的表情……这些都让宝宝惊喜不已。一扇新的世界大门逐渐被打开。宝宝用嘴巴、用手，不断地去探索，从躺着吸吮乳汁，到坐着用手和嘴去探索一手臂距离的物体。玩具、衣物，任何你看到的或没看到的细小物品，都会被他找到，塞进嘴里。接着，爬行拓宽了宝宝的活动领域，探索的范围越来越广。所到之处，宝宝必将探个究竟，用嘴咬、吸，用手抠、拉、拽。你需要时刻警惕，如果你没有做好安全防范措施，一不留神，他的小手指就会伸到墙上的插座孔里。

从只会用哭来表达自己的需求，到咿咿呀呀发出"a""o""yi"的声音，到会听音指物，会发声喊"爸爸""妈妈"，短短的一年时间里，他的语言能力迅速发展。他会发出的音素越来越多，他能理解的词汇越来越多，他嘴里蹦出来的单字也越来越多。

他对自己身体的掌握能力也越来越强，抱着奶瓶自己喝奶，开始用吸管喝水，拿勺子吃饭，用手指捡掉在地板上的头发，扶着沙发蹒跚学步。他开始慢慢脱离父母的帮助，尝试独立。

在这些现象之下，他的心理也开始发展。对陌生人的焦虑，对养育者的依恋，你会慢慢觉得他很"磨人"。他的需求开始变得多起来，他开始不那么好说话，他开始慢慢拥有自己的思想。

2. 给0—1岁孩子的人生礼物

就像孩子的身体需要足够的营养一样，心理也需要不同的营养。在人生最初的这一年里，你需要带他一起在这个新世界建立足够的安全感。

礼物一：无条件的接纳

刚出生的孩子软软的，弱弱的。饥饿、不适、困倦常常让他无所适从，他唯一能做的只有通过哭泣来寻找安慰和照顾。你需要做的只是尽自己最大的可能去帮助他，满足他的需求。你不知道他将来会不会很乖巧，会不会孝顺。你也不知道他是不是好看，会不会聪明。你这样做，只是因为他此时此刻需要你。

接纳孩子之前，父母需要去接纳不完美的自己。你常常会在这样的时候看到不完美的自己：产后无法用母乳喂饱孩子时；离开一分钟，孩子便摔落在地，大声哭泣时；给孩子吃了致敏的食物，孩子全身起红斑点时；无法兼顾工作和孩子时；没有控制住自己的情绪，在孩子面前对另一半大发脾气时……你渴望去做一个完美的父亲或母亲，给孩子完美的教育，但是现实一次次冲击你，并用鲜活的实例提醒你：没有完美的父母。

高压力、高焦虑的时代，多数父母觉得自己做得不够好，并为无法胜任父母的角色而深感自责与愧疚。新手父母会不断地责问自己：我为什么不做得更好？我哪里做得太多？我哪里做得不够好？英国心理分析大师温尼考特根据临床经验发现，不完美的父母并不会对孩子造成任何伤害。结合0—1岁孩子的父母的实际，只要你做到以下几点，就是足够好的父母。

对自己坦承

清楚给予孩子的行为规范，是自己的需要还是孩子的需求。比如，让孩子保持安静，是因为你在为工作上的事情烦躁，还是孩子需要以安静的状态进入睡眠？给孩子穿尿不湿，是因为你担心孩子尿湿床单，弄脏裤子，洗起来麻烦，还是孩子没有大小便的意识和穿纸尿裤的不适感？让孩子上早教班是因为隔壁老王家的孩子在上并且吹捧自己的孩子上完后有多棒，你心有不甘，还是早教班可以给你的孩子提供大的攀爬环境和社交环境？要理清是来自谁的需要，尊重自己，也尊重孩子的内在感受。

及时察觉并处理自己的负面情绪

养育过程中难免会出现烦闷、愤怒、焦虑等负面情绪，尤其是在产后，身体、心理的变化，会让新手父母措手不及，难以应付新生命到来的各种问题。作为新手父母，你需要了解情绪的必然性，知道每个人都会存在这样或那样的情绪。你需要做的是，尝试培养自己识别、觉察负面情绪的能力。当负面情绪来临时，注意自己会做些什么，自己的负面情绪是从身体的哪个部位传来的，身体会出现什么变化。比如，我们发现肩膀硬了，通过这个身体感觉，察觉到自己开始生气了。我们只有清楚地了解它，才会有更多的时间来消除它。我们对孩子生气，也许是因为工作上的不顺心，也许是因为另一半的懒散让你不舒服，也有可能是对孩子未来生活的焦虑，等等。当察觉到自己疲倦、烦躁的情绪已经袭来时，请及时找人接手照顾孩子，或暂时离开养育情境，冷静下来，慢慢处理情绪中的核心问题，以免对孩子大动肝火或伤害身边的亲人。

充分表达爱意

近年来，许多研究得出相同的结论：常被人握着、拥抱和亲吻的婴儿，比那些被人甩在一边且无人触碰的孩子更容易发展出健全的感情生活。爱他你就亲亲他，抱抱他。请不要吝啬你的拥抱和亲吻。

独立自主

不以孩子的表现来界定自己的价值，并且不让孩子成为满足自己需求的工具。当你的孩子学会翻身时，你看到的是他翻身时所表现出来的努力，还是他又多了一个可以向外人炫耀的资本？前者，你看到的是孩子的本身；而后者，你看到的是孩子的功能价值，把孩子当作满足自己需求的工具。要知道，孩子如你一样，都是独立的个体。

承认人的不完美，宽恕自己及孩子所犯的错误

"人非圣贤，孰能无过"，更何况是一个刚出生不久的孩子和从没当过父母的人，我们本就是在不断的试误中获得成长。

礼物二：你很重要

在现代的家庭模式中，做到这一点，并不是很难。一个家庭，加上夫妻双方的父母，基本上都是以孩子为中心。孩子身体不舒服了、饿了、累了、生病了，都会有人及时照顾他。但是，如果是双职工父母，再加上双方的老人没有退休，孩子出生后，夫妻就需要兼顾孩子、工作和生活。孩子生病了，又恰逢单位接到大项目安排你全权负责，如何抉择？因为要照顾孩子，很多家务做不了，怎么办？

当面临抉择时，你需要重新思考孩子与工作、生活的排序，或者说是生命与工作、生活的排序，孰先孰后，孰重孰轻。凡是与孩子的幸福快乐及发展相关的事情，都是最重要的，应先做。那些现在不做，将来就没有机会做的，也要排在前面。比如，宝宝的周岁生日和重要会议撞期，该出席哪一场？孩子一岁生日只有一天，错过了不会重来，而会议没有参加，之后可以有许多补救方法。

因为要照顾孩子，时间分配不过来，原来能够处理得游刃有余

的生活事务，也必须取舍。你可以对生活中的各种事务进行排序，分清楚哪些是必需的，哪些可以暂时不做或者少做，然后再根据时间和精力选做比较重要的事务。比如，原本每天都会擦地板、做晚饭，但有了孩子后要陪孩子，而晚饭是家人的必需，那么，做晚饭就成了众多家务中的优先选择，擦地板就可以一周一次。

当你在做这些决定的时候，你可以再次思考：孩子是不是很重要？孩子是不是被优先考虑了？

礼物三：和谐的夫妻关系

夫妻关系是所有关系中很重要的一种，它直接决定了家庭的延续方式和子女的心理品质。可悲的是，调查显示，夫妻离婚率最高的一年不是所谓的"七年之痒"，而是在生育孩子后的第一年。之前卿卿我我、无拘无束的二人世界，突然因为孩子的降临开始变得拥挤和嘈杂。妈妈抱怨，爸爸不知道体谅妈妈生娃的辛苦，下班回家盯着手机，半夜娃哭时自顾睡觉；爸爸委屈，一天到晚在"压力山大"的社会丛林里摸爬滚打，只为给孩子创造更好的物质条件，谁比谁更辛苦？

我们抱着给孩子更好的物质条件的期待，努力奋斗、拼搏，但往往在不断追求中忘记：其实，父母给孩子最好的礼物不是物质上的满足，而是和谐的家庭关系。父母亲之间和谐良好的关系，才是孩子最渴望也最能给他安全感的东西。

孩子的到来，只是让一个家庭的规模扩大，并不会让丈夫与妻子的角色因为孩子而消失。在家庭中，夫妻才是家庭的核心。婚姻关系和谐，家庭关系才会稳定。夫妻恩爱，可以给孩子安定、温暖的感觉。比如，孩子看到爸爸妈妈常有亲密的肢体语言、感情的分享流露，便会很自然地感受到其中的安全与温暖。如果父母经常吵架，相互指责，孩子就会害怕。当无法表达害怕时，孩子就会用很多古怪的行为来表现。因此，在养育孩子的过程中，稳固牢靠的婚姻关系是孩子健康成长的温床。只有处理好夫妻关系，我们的孩子才会得到真正的爱的滋养！

面对孩子的到来，新手父母该如何在婚姻里让爱情升温？

学会倾听，保持高质量的交流

婚姻中最容易被忽略的往往是倾听，每个人都习惯强调自己的想法和诉求，夫妻双方沉浸在自己的"苦海"里，一味苛责对方。当彼此只顾抱怨对方不理解自己，不明白自己需要什么时，就会忘记静下心来倾听彼此的需求。要知道，他说的你不想听，那么你永远不知道对方想什么，对方也永远不知道你想要什么。无关爱与不爱，是你们之间没有静下心来正面地交流和倾听彼此的需要。倾听是相互了解、化解矛盾的最好方法。多听听对方在讲什么，并且予以尊重和肯定，对方自然也愿意倾听你的心声。

试着做一下，如果下次伴侣对你倾诉的时候，安静地听他说，并且还时不时地问一下："还有吗？""还有什么需要补充的吗？"直到对方表达完全，不仅是对事件的描述，还有他的感受、他的弦外之音、他的期待。一次耐心的倾听相当于一个最贴心的拥抱，你也许会发现，孩子他爸需要的只是回家后你迎上来的一个微笑；你也许会发现，孩子他妈需要的只是你搭把手，帮忙换块尿布。

不吝赞美，懂得欣赏对方

每个人的心里都住着一个小孩，他需要别人的赞美来获得成就感，特别是来自另一半的肯定，这对他至关重要。男人不像女人，女人从孩子出生甚至从怀孕开始就已经进入母亲的角色，而男人只有在不断的尝试中慢慢摸索，才能成为父亲。所以，爸爸要主动肯定妈妈育儿的辛苦，并帮助妈妈分担一些育儿任务，而不是认为妈妈照顾孩子是理所当然的；爸爸在育儿过程中笨手笨脚、屡屡犯错的时候，妈妈应多给予鼓励，欣赏和肯定爸爸的付出。要知道，过多的指责只会阻碍对方的尝试，没有尝试怎会越来越好？

表达爱意，创造二人世界

请持续表达对对方的爱意。不要吝啬你对另一半的拥抱和亲吻，哪怕孩子在身边时，你也可以表达出你们彼此的爱意，但别忘了也亲亲你们的宝贝。如果在孩子出生前，夫妻俩有一些共同爱好或一起进行的特别活动，请把它们继续安排进时间表，不要因为孩子的到来，就停止了夫妻间特有的表达爱的方式。如果以前每周都安排约会，有了孩子之后，还是尽可能这么做。虽然约会的质量不如以前，时间也不充足，然而就是因为孩子的加入，为了调整心态与适应生活的改变，更需要有约会的时间。

3. 遇见更好的自己

孩子出生了！面对一个新的生命，新手父母会发现自己的生活再也不同于以往。该如何养孩子、教孩子、爱孩子？首先，请想想"我是什么样的人，我是什么样的父亲／母亲"，而不是急于去思考"我想培养出什么样的小孩"。我们之所以成为父母，并不是要去书写孩子的人生，而是为了净化我们的心灵，让我们重新审视自己，有机会遇见更好的自己，在陪伴孩子成长的过程中慢慢成熟。

关键思考一：了解原生家庭如何塑造你

你人格的形成，会受到你父母的年龄、健康状况、社会经济地位、手足关系、夫妻关系、亲子关系等多方面的影响。在这些因素的交互影响下，你发展出今天的人格特质。有一天你当了爸妈，这些因素又会交互影响着你的孩子。

或许在养育孩子的某个瞬间，你会觉得有些东西似曾相识。你对孩子的某个行为，你似乎曾经在你父母那里经历过；你对孩子说话的某种语气，你似乎曾经在你父母那里听到过。当你斥责孩子不要哭时，你的脑海深处似乎也传来了小时候妈妈数落你"没用，只知道哭"的声音。原生家庭的教养方式以及你类似的成长经验，在不断放大你内心的声音：哭是不好的。于是，你父母对你情绪的教养态度，会影响到你对孩子的态度。

面临教养困境时，可试着检视自己和原生家庭的关系及自己的成长经验。有些爸爸妈妈印刻在心底的成长经验很美好，在育儿过程中会不自觉地复制自己成长的美好经验，把自己所感受到的满满的爱也传递给自己的孩子。比如，哪怕遇到再大的困难也要坚持母乳喂养，只因为妈妈将你母乳喂养到 3 岁。

也有些父母意识到自己有不愉快的成长经验，在有了孩子后，并不想复制原生父母的教养模式，此时可能出现两种教养行为。一是过度补偿。例如，因为自己小时候物质过于匮乏，所以有了小孩后，便在物质上过度满足孩子，给孩子购买各种各样的玩具。二是心里排斥在原生父母的教养模式下长大的自己，但又无意识地重复这种教养模式，于是出现了教养的矛盾。例如，自己在求学过程中，成绩一直不如父母的预期，经常受到父母的训斥，甚至挨打。当了爸妈后，虽然告诉自己，孩子的表现不是最重要的，但看到自己的孩子不如人家的孩子会爬、会走时，还是会忍不住对孩子不愿爬、不愿走发脾气，表现出焦躁、忧虑的情绪。

当你学着从长大的视角重新看儿时的自己时，你会发现愈了解自己，就愈了解孩子。父母只有清楚地知道自己是什么样的人，面对问题时会用什么样的态度思考，如何看待自己的成长经验，有什么样的能力，又有哪些生命的包袱，才能接着思考有了孩子后，该如何重新定义自己与这个社会的关系。

关键思考二：重新定位自己

教养是亲子相互影响的过程，不只局限于父母如何教。父母要先了解孩子有什么样的特质，并清楚自己对教养结果的期待是什么，然后在这些基础上实行教养。同时，孩子会给予反馈，不论是积极的还是消极的。父母也应从孩子的回应中不断修正教养的态度及方式，从中获得如何当爸妈的经验，慢慢地扮演好父母的角色。

如今，新手父母不只从亲子互动中学习，亲戚朋友等社会关系、网络报刊等传播媒介都会影响父母的角色行为与教养结果。这意味着一不小心，专家学者、隔壁的大妈、好心的同事很容易就会左右、混淆你的教养态度及方法。比如，他们会提醒你，孩子哭时不要抱，要不然孩子会越来越娇气；孩子要经常穿袜子，要不然会着凉；孩子不能照镜子，小心会被吓到。

这时，父母必须认真、科学地审视这些好心人传递的信息，并且抱着怀疑的态度去了解其背后的来源，更重要的是重新定义自己和这个世界的关系，在"他人对你的期待""自己对自己的期待"之间做出权衡，找到"自己可以做些什么"的答案。只有先界定了自己在教养系统中的位置，接下来才能思考、确立自己的教养价值观。

关键思考三：孩子面前，你想书写怎样的人生

孩子是一张白纸，你在他心里画上什么，他的心里就有了什么。孩子似乎天生自带仿效的功能，见样学样。他就像镜子里的你，你笑，他就笑；你哭，他也哭。女人自从有了孩子，便不仅仅是自己，还有一个母亲的角色。男人也如此。你说的每一句话，你做过的每一件事，都与孩子息息相关。你会惊讶于孩子嘴里蹦出你经常挂在嘴边的口头禅，你甚至会发现，孩子会学着你一样对某样东西产生厌恶感。你要记住，你在前面走，孩子一定是踩着你的脚印，在后面学。

你希望孩子拥有什么样的人生，请先自己拥有这样的人生。比如，你希望孩子快乐地成长，那么你自己需要学会快乐，不快乐时学会调节情绪让自己快乐起来，你需要在生活中创造快乐，你也需要在与孩子的互动中感受快乐。当你在孩子面前真真切切做到快乐地生活，孩子才能学会快乐地成长。父母在教育过程中的状态会传递给孩子，并被孩子内化到自己的生命中，成为他自己的认知和行为模式。你想要孩子成为什么样子，请先让自己成为这样的人。

回顾与思考

1. 宝宝在出生后的一年里经历了怎样的成长变化？
2. 怎样成为足够好的父母？
3. 请进行一些思考，重新审视自己，遇见更好的自己。

2

从软绵绵到大跨步

1. 有迹可循的动作发展

宝宝的动作是在神经系统的调节下，骨骼、肌肉、关节等身体各部位的协调活动。它包括大动作发展和精细动作发展。动作发展对宝宝的大脑发育具有促进作用，日益成熟的动作活动能帮助宝宝更精确地感知外部刺激及其变化，改组、重建宝宝的认知结构，促进个体独立性和社会性的发展。比如，当宝宝从趴着到能独坐时，他的视野变得更宽广，对空间的认识更丰富。总体来说，宝宝的各种动作，都是其活动发展的自然前提。

动作发展的规律与差异

宝宝出生后第一年，是运动能力快速发展的阶段。1岁左右，大部分宝宝已经掌握了各种运动的基本动作。宝宝的动作发育具有一定的规律，遵循普遍的发展顺序，即头尾原则和近远原则，与身体生长的原则一致。

首先，从整体动作到分化动作。宝宝出生时的动作是全身性的、笼统的和未分化的。随着神经系统和肌肉的成熟以及宝宝的反复练习，动作不断分化，进一步发展为准确的、专门化的局部动作。比如，4个月的婴儿在哭泣时往往是小手小脚肆意挥舞、蹬踏，全身"手舞足蹈"，而到6个月之后，他能较准确地伸手抓到面前移动的泡泡。

其次，从上部动作到下部动作。宝宝首先发展的是与头部有关的动作，如喜怒哀乐的面部表情、转头、抬头等；其次是躯干的动作，如挥动手臂、腿部蹬踢；最后才是脚的动作，开始站立、行走。

第三，从大动作到精细动作。接近身体躯干部分的动作即大肌肉群所做出的动作最先发展，远离身体躯干的肢端部分的动作最后发展。比如，宝宝是先会独坐，然后才会有较为准确的、有目的的抓握动作。

需要指出的是，宝宝动作能力的发展有很大的个体差异，每个宝宝都有自己的时间成长表。你会发现，大多数的宝宝在4—6个月学会翻身，但是有的宝宝在4个月之前就已掌握了翻身的动作，还有的宝宝在8个月的时候才会突然熟练地翻身。

动作发展的差异是遗传因素和环境因素共同作用的结果。每一个新的运动技能的产生都必须满足以下条件：中枢神经系统和相关的骨骼、肌肉的成熟，身体活动的可能性，相应环境的支持以及宝宝心目中的愿望，如想坐起来或从一个房间爬向另一个房间。每一个宝宝都以自己独特的方式形成和发展新的运动技能。

大动作发展：从反射活动到行走

大动作是大肌肉或大肌肉群活动所引发的动作，如坐、爬行、站立、行走、投掷、抛接等动作活动，包括头颈部、上下肢、腰腹、肩背部等主躯干的动作发育。

0—3个月："抬，抬，抬起头来！"

初生婴儿没有自主动作，以反射活动为主。出生后第一个月，宝宝的手大部分时间紧握成拳，手指活动非常有限，但可以屈伸手臂，将手放到眼睛看得见的范围或口中。出生后2—3个月，宝宝开始出现一些局部动作，俯卧时能将头向上抬起数秒，小脸与床呈45°~90°，双腿屈曲。同时，宝宝大部分的反射活动将在出生后2—3个月内达到高峰并逐渐消失，他的动作发展将更加细致和有目的性。

4—6个月："瞧我的，翻个身！"

用肘部支撑抬起头部和胸部，是宝宝动作发展的第一个重要成就，他开始从平躺的视角慢慢转向俯卧的视角。4个月时，宝宝可以自主地屈曲和伸直腿并能微微抬起屁股，俯卧抬头时腹部能渐渐离开床面，竖抱时脖子变得有力，在一定外力的帮助下可以翻身。

随着背部和脊椎力量的增强，有些5个月的宝宝不需要父母的搀扶就能独坐，但持续时间很短，不时需要弯着腰或用两手向前支撑，有时还会失去平衡侧翻或倒翻。

7—9个月："我想爬出去看看！"

7个月左右，宝宝可以不需要用手支撑就能保持独立的坐姿，坐稳的同时甚至能左右扭动上身。在坐姿的基础上，宝宝手的功能也有了质的发展，他学会了将物品从一只手转移到另一只手、从一侧搬运至另一侧。

随着四肢、背部、腰腹力量的增强和肢体协调性的发展，宝宝开始新的发育里程——爬行。宝宝的爬行通常有三个阶段：用手臂和腿推着身体滑行前进；手臂带动身体，腹部蠕动，两腿拖行；手脚着地爬行，四肢可自由屈曲、伸直。另外，向后倒爬、原地打转爬或匍匐向前等，也是不容忽视的爬行过程。

9个月的时候，宝宝能扶住栏杆从坐的地方站起，双脚横向跨步站立。

10—12个月："迈出我的第一步！"

10个月开始，大部分宝宝能迅速爬行并逐渐向直立行走过渡，能熟练地沿着床沿扶走或推着推车蹒跚挪步。宝宝站立时，能一手扶物下蹲捡东西，也会尝试攀爬到一些低矮的家具或沙发上。

精细动作发展：手指越来越灵活

精细动作指由小肌肉或小肌肉群做出的较小的动作活动，如伸手够取、抓握移动的物品，手指屈伸等，包括手眼协调、手指的灵活和手脚协调三部分。

0—3个月："我要抓得紧紧的！"

3个月以内的宝宝，在自然状态下，小手基本呈握拳状。宝宝的抓握动作源于本能的握持反射，即用玩具触碰他的手掌时，他能立即抓住又很快松开。

4—6个月："我终于够到啦！"

这个阶段的宝宝开始有意识地自主够物，对出现在眼前的东西，总是伸手就抓；抓握动作仍显笨拙，虽然还不能灵活地控制手指指尖，但能靠手掌和全部手指生硬抓取；开始发展出手、眼、口的初步协调动作，他的典型动作是拍打、抓握、双手转换、一手抓握一手拨弄等。

6个月左右的宝宝开始表现出"跨越中线"的动作活动——能右手将一块积木传给左手，再拿第二块。这是宝宝身体协调能力发展的里程碑。

小贴士　为什么要"跨越中线"？

"中线"是指从头到脚将身体分成左右对称两部分的中轴线。"跨越中线"是指身体的某个部分（如手、脚、眼等）可以自主地跨过这个中轴线到身体的对侧区域完成各种任务。

在"跨越中线"的技能充分发展之前，宝宝的肢体只会在身体的同侧区域工作：当你从他的左边递给他一个玩具时，他会用左手去接；从右边递给他时，他只能用右手来接。所以，"跨越中线"的能力是左右整合的关键，能帮助宝宝左右大脑发育整合，会影响宝宝的阅读、生活自理和学习等能力。"跨越中线"能力是一个逐渐发展的过程，一般在孩子3—4岁之间发育成熟。

7—9个月："捏住，捏住那块饼干！"

这个阶段的宝宝开始出现"钳形抓握"，动作更有意向性，手指更加灵活，能用拇指和食指（或其他手指）对握的方式捏持物品；能自由伸展和握紧小手，主动放开或扔掉物品；手眼协调的动作活动日益明确，喜欢"倒进倒出"、敲击或摇晃玩具，常有抠、挤压、推倒等动作；可以灵活地将玩具从左手传到右手，或传给旁人。

10—12个月："看，我能把积木放上去啦！"

随着协调能力的改善，宝宝开始更深入地研究他遇到的物品，旋转的轮子、移动的杠杆和玩具上的小孔都是他想掌控的对象。宝宝手指的灵活性明显提高，他会使用拇指和食指捏起细小的物品，能拉开抽屉、推开门，或把杯子里的水倒出来。

精细动作的发展使宝宝有能力获得更加丰富的生活经验。拿笔在纸上肆意涂鸦，将积木推倒重来，手持勺子吃饭，"滑开"爸爸的手机等，都能令他兴奋不已。

我的宝宝需要补钙吗?

　　强健的骨骼是动作发展的生理基础,骨骼的发育依赖于钙质的吸收。在大部分婴幼儿中,"缺钙"现象似乎非常严重。几乎所有的爸爸妈妈都怀疑过自己的宝宝缺钙。似乎所有发展延迟的症状都能归罪为"缺钙",比如出牙晚、不爱吃饭、爱哭闹等。有调查显示,接近九成的父母会在宝宝 6 个月之前就开始为其补钙。而事实上，过量补充钙质反而会增加肾脏的负担，减少宝宝对铁和锌等营养元素的吸收，干扰钠等元素排泄的平衡，对肾功能及其发育不利。

0—6 个月的宝宝每天应摄入 300 毫克钙，而母乳或配方奶粉能为宝宝提供充足的膳食钙。既然钙质的获取如此容易，为什么有些宝宝还会有缺钙的情况呢？实际上，人体钙质的吸收需要一个帮手——维生素 D。

维生素 D 的主要作用就是通过促进钙、磷的吸收进而调节多种生理功能。如果宝宝体内没有足够的维生素 D，那么即使他服用了大量的补钙制剂，钙也是无法吸收的。母乳喂养的宝宝能从母乳中获得所需要的营养，但维生素 D 的含量是极低的，母乳宝宝更需要补充的是维生素 D。而对于用奶粉喂养的宝宝，由于大部分配方奶粉中都含有维生素 D，妈妈可以根据宝宝的奶量计算出每天维生素 D 的摄入量再予以补充。

晒太阳是解决补钙问题的一大手段。通过紫外线照射皮肤，宝宝可以自己生成维生素 D，以促进钙的吸收。服用含有维生素 D 的制剂也是常用的方法。2 岁左右，大部分宝宝可以通过食物和户外活动获得足够的维生素 D。

2. 开心又痛苦的出牙期

跟宝宝达到其他发育的里程碑不同，长牙是一个渐进的过程。从只有秃秃的牙床到满嘴白亮的牙齿，这个过程大约需要 3 年时间。

当宝宝的第一颗牙冒出来时，那种兴奋和惊奇一定会让爸爸妈妈记忆犹新。宝宝什么时候能长出第二颗牙齿？为什么这时候的他总是口水稀里哗啦地流个不停？怎样面对宝宝出牙时的种种困扰？让我们一起来了解这些问题。

出牙时间有早晚

牙齿的形成从宝宝在子宫里就开始了。在妈妈怀孕期间，宝宝就有了牙蕾，这也是乳牙的基础。绝大部分宝宝会在 4—7 个月时冒出第一颗牙。当你发现宝宝上牙龈或下牙龈有发白迹象，或者宝宝吃奶的时候常常用力咬妈妈的乳头时，这表明宝宝要长牙了。

宝宝牙齿萌出的时间存在着很大的个体差异。通常来说，宝宝的小乳牙是在 6—7 个月时开始萌出（通常先长 2 颗下门牙）。有的宝宝发育快，可能在 4 个月时就冒出了白色的牙尖。有的宝宝发育慢，要到 1 岁多才会长出第一颗牙。第一颗牙齿萌出后，宝宝以每个月增加一颗的速度长牙。直到两岁半左右，20 颗乳牙全部萌出。

出牙遵循一定的规律

宝宝乳牙的萌出遵循一定的生理规律：在一定时间萌出，按一定顺序长出，左右牙齿对称发育。宝宝出牙的大致顺序具体如下图所示。

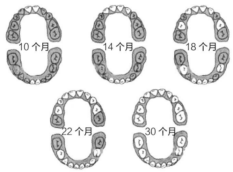

需要指出的是，由于个人体质或先天遗传的差异，有些宝宝的出牙并不遵循上述的普遍规律。只要宝宝的牙齿质量好，牙齿的正常排列不受影响，就不必太过焦虑。

小贴士　宝宝的乳牙为什么长得稀疏?

通常乳牙的尺寸会比较小，牙齿之间也会有缝隙，这主要是为了让底下的恒牙可以从牙齿间隙中生出来。如果乳牙长得太密集，换牙时则空间不足。所以，宝宝的乳牙长得稀疏一些，爸爸妈妈不必担心。

应对宝宝出牙期的不适

有些宝宝轻轻松松就度过了长牙期，但有些宝宝则可能感到很不舒服，会出现一些长牙期的不适症状。

暴躁易怒

牙齿生长带来的不适感会让宝宝变得脾气暴躁、爱哭闹，尤其是出牙前一两天，乳牙慢慢顶出牙龈时，宝宝的不安情绪会加剧。父母可以准备一些磨牙棒或牙胶，让宝宝转移注意力，也可以给宝宝做脸部按摩，帮助他放松脸部肌肉，缓解疼痛感。

流口水

出牙时产生的过多唾液会让宝宝经常流口水。唾液对皮肤具有一定的刺激作用，有些宝宝口周的皮肤不断受到口水的浸泡，可能会长出皮疹甚至粗糙皲裂。到1岁左右，宝宝的口腔吞咽功能渐渐完善，流口水的现象才会改善。父母可以准备一块柔软的棉布，蘸上温水帮宝宝擦去口水，擦的时候动作一定要轻柔，避免擦破皮肤引起感染。如果流口水的地方已经有些发红溃烂，则需要带宝宝去看医生。

牙龈肿胀

牙齿萌出对牙龈神经造成刺激，宝宝的牙龈会红肿、疼痛或觉得痒痒的，有些宝宝还会以咬东西、咬人来释放牙龈内部的压力。父母可以每天用纱布蘸点凉水轻轻擦拭、按摩宝宝的牙龈。夏天则可用纱布包一小块冰帮宝宝做冰敷。另外，多留心宝宝的举动，有些宝宝可能会咬嘴唇或咬舌头，一定要及时制止，防止宝宝受伤。

拒绝进食

长牙的宝宝在吃奶时常变得烦躁不安，他可能因为很想塞个东西进嘴巴而表现得急欲吸奶，而吸吮的动作又带来牙床疼痛，宝宝可能又会因此拒绝进食。父母可以为宝宝准备一些凉爽的食物，如酸奶或冰水果。对吃奶瓶的宝宝，可以适当为他把奶嘴孔调大，以容易喝到又不呛奶为宜；如果宝宝实在不愿意吮吸，也可改为用杯子或勺子喂食。当宝宝拒绝进食的情况很严重时，就需要带他去看医生了。

睡眠变差

萌牙影响睡眠的情况最容易发生在宝宝萌出第一颗牙和磨牙时，疼痛会让宝宝在夜间突然醒来，烦躁难眠。这时不要急着哄他或喂食，要观察宝宝能否自行安定下来。这样的情况并不会持续很久，请保持耐心。

体温升高

出牙会使宝宝的体温稍稍升高，只要体温不超过38℃，且精神状况良好，食欲正常，则无须特殊处理。如果体温超过38.5℃，并伴有烦躁哭闹、拒奶等现象，则需立刻就医。

拉肚子

有些宝宝出牙时会拉肚子。当宝宝大便的次数增多但水分不多时，除给宝宝喂食一些粥、细烂面条等易消化的食物外，可暂时停止添加其他辅食，并注意餐具的消毒。父母可以多给宝宝喂水。若宝宝拉肚子严重，腹泻次数每天多于7次且大便水分较多，应及时就医。

出牙期的护理

宝宝长牙前，爸爸妈妈要注意宝宝的口腔清洁。在喂奶或喂辅食后，让宝宝喝几口白开水，用以冲洗口腔内的食物残渣。如有必要，还可戴上指套或用蘸水的纱布帮宝宝轻拭口腔。切忌让宝宝含着盛有奶液或其他饮料的奶瓶入睡，母乳或配方奶里的糖分会整晚留在宝宝的牙齿上，从而导致"奶瓶龋"（蛀牙）。

宝宝出牙后，口腔内应继续使用纱布或毛巾蘸水来清洁，而牙齿部分则可使用婴儿专用的软质牙刷清理。给宝宝刷牙不必非得按照一定的方向，只要把食物残渣清理出来即可。

3. 适合0—1岁宝宝的动作发展游戏

家庭运动游戏是宝宝践行自己学习成果的主要方式。大动作游戏为身体带来稳定性，精细动作游戏让身体更灵活，手眼协调或眼脚协调游戏为准确移动创造更多的可能。

爸爸妈妈可以利用家里任何可得的素材，为宝宝提供运动探索的机会。一个枕头、一条毛毯、一只废弃的纸箱，都可以是宝宝游戏的道具。当然，这些需要建立在安全的运动环境、适龄的活动内容、适当的锻炼时机、宝宝稳定的注意力或强烈的兴趣之上。

大动作发展游戏

仰卧起坐

适用月龄：从出生开始。

游戏准备：舒适的毯子。

玩法：如果是 4 个月以内的宝宝，可以让宝宝仰卧在毯子上，爸爸抓起宝宝头部两侧的毯子边缘，轻轻抬起、放下，如此重复。妈妈在宝宝对面，与宝宝保持眼神的交流，给他安全感。

如果是 4 个月以上的宝宝，父母可以左右手分别伸出一根手指，鼓励宝宝抓握住，然后稍稍给宝宝一点力量向上轻提，再缓缓放下。大部分宝宝会开始运用自己的手臂和腰腹力量向上"顶"。

障碍爬行

适用月龄：6 个月及以上。

游戏准备：靠垫、柔软的玩偶。

玩法：将靠垫和玩偶不规则地堆放，向宝宝示范如何从这些高低不平的物品上爬过去。如果宝宝的兴趣不是很高，可以拿一些宝宝平时喜欢的玩具吸引他。

扶站与站姿平衡练习

适用月龄：8个月及以上。

游戏准备：小棍、小玩具。

玩法：让宝宝坐好，将一根小棍放在宝宝向上抬手能够到的位置，鼓励宝宝伸手抓取。等宝宝抓住小棍后，同时扣住小棍和宝宝的小手向上轻提，直到宝宝慢慢站起来。

能够扶站之后，宝宝会扶着各种物体的边缘来练习站立，如床、椅子、沙发等。可以准备一些宝宝喜欢的小玩具，沿着他扶站的边缘移动，吸引他慢慢地扶走。

精细动作发展游戏

移动的丝巾

适用月龄：6个月及以上。

游戏准备：丝巾。

玩法：先将丝巾在宝宝面前晃一晃，吸引他的注意力，然后将丝巾藏在拳头里，鼓励宝宝找到露在外面的一端并将其拉出来。

小小搬运工

适用月龄：6个月及以上。

游戏准备：玩具、盒子。

玩法：父母先示范一次，将形状各异的玩具依次放入盒子里，把盒子装满，再慢慢将其倒空。然后邀请宝宝一起参与，帮他一起装满再倒空。

重复游戏后，可以置换更多大小不同、形状各异的玩具，还可以增加盒子的数量，鼓励宝宝将玩具从一个盒子转移至另一个盒子，探索更多的空间。

推倒重来

适用月龄：9个月及以上。

游戏准备：积木、书本、塑料桶等。

玩法：和宝宝一起将积木、书本、塑料桶等依次向上叠放，然后鼓励宝宝将其推倒，以引导宝宝认知物品的形状和大小。

手眼协调/眼脚协调游戏

抓泡泡

适用月龄：3个月及以上。

游戏准备：成分安全的泡泡液、吹泡泡的工具。

玩法：父母在宝宝面前吹出泡泡。如果是6个月以前的宝宝，他还不会伸手去抓，他会用眼睛盯着泡泡看。这是很棒的视觉追踪练习，可以感知距离、深度等空间概念。

6个月之后的宝宝会兴奋地挥舞手臂尝试抓泡泡，并且也开始理解因果关系——"我的手碰到泡泡，泡泡破啦！"

追球与接球游戏

适用月龄：6个月及以上。

游戏准备：球。

玩法：将球放在宝宝差一点才能够到的地方，鼓励宝宝向前探出身体够球。等宝宝够到球后，慢慢将球滚得更远，帮助宝宝探索更远的空间。

小球员

适用月龄：9个月及以上。

游戏准备：球。

玩法：把球放在宝宝面前。托住宝宝腋下，将宝宝稍稍提离地面，轻轻前后摆动宝宝的身体，让他的腿去够球或踢到球。

回顾与思考

1. 宝宝的动作发展遵循什么样的规律？

2. 宝宝的大动作和精细动作发展经历了怎样的阶段？

3. 你的宝宝的时间成长表是怎样的？

4. 如何应对宝宝出牙期的各种不适呢？

5. 你还能想出更多的适合0—1岁宝宝动作发展的游戏吗？

3

第 三 章

开始认识世界

1. 通过感官认识世界

在生命的头一年，宝宝通过感官认识世界。他并不像大人想象的那样"什么都不会"，而是表现出惊人的能力，一些能力甚至在胎儿期就发挥作用。视觉、听觉、嗅觉、味觉、触觉信息，为他集合成第一手的生命体验；对冷暖、饥渴、舒心、痛苦的觉知，也都有赖于感知觉器官发出的信号。感知觉是高级心理活动产生与发展的基础，婴儿阶段是感知觉发展最快、最敏感的时期。

眼中的世界慢慢变得清晰

在所有感知觉中，视觉在出生时是最不成熟的，但发展非常快，宝宝6个月时，视觉功能在许多方面已接近成人。

从无法聚焦到能看见远近不同的物体

新生儿能看清距离20~25厘米的事物，恰好是妈妈喂奶时和宝宝面对面的距离，是能抓住宝宝注意力的最佳距离。但宝宝的眼睛无法聚焦，只会用双眼扫视你的脸，很少把目光落在你的眼睛上超过2秒。2个月时，宝宝视觉集中的状况明显改善，视线能够跟随水平移动的物体而转动，有了追视的能力。

到4个月左右，宝宝能同时使用两只眼睛，有了双眼视力。他开始能精确判断与物体之间的空间距离，能够像成人那样根据物体远近调节眼球晶状体的形状，把眼睛聚焦在静止或转动的物体上。

6个月时，宝宝调节眼睛晶体的功能已经达到正常成年人的水平，他不仅能看见远处的较大物体，如月亮、汽车或行人，也能看见近处较小的移动中的物品，尤其对滚动的小球、跑动的小狗很有兴趣。

小贴士　小对眼

细心的妈妈可能会发现，宝宝4个月左右时，靠近鼻侧的眼白要比靠近耳侧的眼白小得多，看上去像个小对眼，于是十分担心。其实，宝宝这个阶段头还很小，和头相比，他们两眼间的距离会显得比较宽，只能使眼球转向鼻侧来聚焦，呈现出好像对眼或轻微斜视的样子。

喜欢看爸爸妈妈的脸

新生儿无法觉察复杂的图案和形状，喜欢看那些不太复杂、对比度高的视觉图形，如黑白分明的棋盘、条纹和靶心图案、事物的轮廓曲线等。随着月龄的增加，视力的提高，宝宝能识别更为复杂的图案，立体的、明暗对比强烈的人脸对宝宝更有吸引力。

3个月的婴儿已能分辨陌生人和熟悉的人的脸孔，他最爱看的是爸爸妈妈的脸。7—10个月的宝宝开始能把人的表情作为一个整体去知觉，能将积极的表情（如高兴、惊奇）与消极的表情（如悲伤、害怕）区分开来。这种对人脸的知觉能力能帮助宝宝发展早期的社会关系。

偏爱鲜艳的自然颜色

新生儿眼里的世界是黑白的。4个月左右，宝宝开始能辨识彩色和非彩色。对比鲜明的彩色能让宝宝更兴奋，明亮的暖色——红、橙、黄相较于暗淡的冷色——蓝、紫，更能引起他的兴趣。宝宝不太喜欢人工图案或设计精美的墙纸，公园里鲜艳的花朵、绿色的草地、橙黄的树叶，这些自然的颜色更吸引他。

小贴士　　视觉训练卡

线条轮廓鲜明、色度对比强烈的黑白色卡，如黑白棋盘、靶心图、人脸图等适合用作最早的视觉训练。

4—6个月时，宝宝对事物的颜色、形状感知越来越强烈，可以开始加入彩色卡。

宝宝能听到什么

6个月时，宝宝的听觉感受器已基本发育成熟，听的能力接近成人。听觉能力影响着宝宝的语言发展、思维发展和人际交往的开展。宝宝对声音的回应，能刺激他对环境做视觉性、触觉性的探索，有利于社会交往。

能灵敏地分辨声音

新生儿能听见声音，能区分音高、声音持续的时间、方向和频率，还能灵敏地分辨语言的基本单位——语素。2 个多月的宝宝就可以区分非常相似的发音，如"ba"和"pa"。4 个多月的宝宝听到有人叫他的名字时，会准确地将头转向声音的方向。如果是叫其他人的名字，宝宝则不会有这种反应。宝宝在这个阶段的灵敏的听觉感受性，可以帮助他获得更多语言能力发展的可能。

喜欢听妈妈的声音

宝宝对"好听"的声音有所偏爱，喜欢听温柔、轻松、愉悦的声音，对尖利、沉闷、愤怒的响声则反应急躁、激烈。宝宝尤其对音调较高的女性声音感兴趣，对妈妈的声音更是敏感，即使是出生只有 3 天的新生儿，都能很好地辨识妈妈的声音。宝宝对妈妈声音的偏爱具有明显的适应性——鼓励妈妈与自己交谈，获得更多的关注和爱，发展自己的情感、智力和社会性。

天生的音乐知觉能力

刚出生的宝宝能够分辨乐音与噪音，舒缓的摇篮曲能帮助他放松，欢快的乐曲则能让他心情舒畅。4 个月时，宝宝可以积极地"倾听"音乐，并伴有身体的反复运动，比如挥挥手、蹬蹬腿；6 个月时，宝宝能区分简单的音调了，给他听愉快的歌曲或乐曲时，身体会随着节奏摇摆——即使还无法准确地跟上节拍；1 岁左右，宝宝已经可以认真倾听音乐并能抓住音乐的节奏。

值得注意的是，宝宝对语音的辨别能力在日常生活中会经常使用，因而这种能力得到保持。如果对音乐的知觉能力不经常使用，这种能力则会变得越来越弱。因此，早期的音乐感受性的培养是非常有价值的。

能根据声音的方向寻找声源

宝宝刚刚出生时就表现出听觉定位的能力——在耳边摇摇小铃铛，他会转动眼睛和头去寻找声源。这种听觉集中是宝宝的听觉和视觉协同活动的成果。不过在最初的 3 个月里，宝贝虽然能够闻声而动，却只对来自左右方向的声源敏感。4 个月左右，宝宝开始对上下方向和前后方向的声音有更准确的定向。

宝宝吃手该制止吗?

0—1 岁是宝宝的"口唇期"。这个时期的宝宝，不管手上抓到什么都会往嘴里放，甚至一出生就有本能的觅食反射和抓握反射。这些口腔的探索和手的探索正是宝宝获得触觉信息、认识外部环境的主要方式，对早期的认知发展起关键作用。

0—3 个月时，宝宝还不确定手和自己有什么关系，不知道这是自己身体的一个器官，只认为这是一个外在的东西，所以需要经常将它塞进嘴里吮吸感知。这时候的吮指只是一种探索和玩耍，是在用嘴巴研究这个"新玩具"。宝宝即使吃饱了、玩够了、睡足了，仍然会吃手。所以，就让宝宝尽情地吃吧。这样既能满足宝宝探索的欲望，也能为将来精细动作的发展建立基础。

4—6个月时，宝宝已经从笨拙地吮吸整只拳头发展到灵巧地吮吸一根手指，支配行为的能力大大提高，而且抓住什么都会往嘴里送。细心的父母会发现，宝宝在吮吸手指时通常非常安静，不哭也不闹。实际上，宝宝吃手时能感觉到愉快的口腔刺激，这能帮他稳定情绪。同时，随着手的协调能力的发展，他也在练习将手中的东西准确地塞进嘴里——而不是鼻子里。这段时间，父母可以用宝宝感兴趣的玩具，有意识地鼓励宝宝去练习抓握，锻炼宝宝手的灵活性。但同时也要注意保持玩具的卫生，因为宝宝抓住玩具就会往嘴里放。

8个月左右，宝宝吃手的频率达到最高峰，因为正处于出牙期，啃咬手指能缓解牙床的不适感。他可能会突然用力咬身边的东西，比如冷不防在你身上留下几颗牙印。这段时间，你可以有意识地引导宝宝使用他的小手去触摸各种不同质地的物品，耐心地向他描述这是什么，是软的、硬的、光滑的还是粗糙的，也可以为他准备一些撕不坏、咬不烂的布书。

每个宝宝"口唇期"持续的时间不一样，这跟父母的教养方式有很大关系，如果父母的引导方式正确，宝宝一般在1岁左右可以很好地过渡。因此，对于宝宝吮吸手指的行为，爸爸妈妈不必特别焦虑，更不用强行制止，只需耐心地帮助宝宝平稳度过口唇探索阶段。

2. 分阶段培养宝宝的语言能力

　　健全的发音和听音器官、大脑中特定的语言中枢是宝宝学习语言必要的生理基础。出于生存和愉悦的需求，宝宝需要积极参与各种社会交往活动，在交往获得的经验中逐渐发现语言的功能和规律。因此，具有丰富言语信息的社会环境必不可少。这些可以是有意安排的，如爸爸妈妈经常同宝宝进行的家庭亲子活动——读绘本、唱儿歌；有些则经常是无意识的，比如你和宝宝说话时总是忍不住使用的"妈妈语"。

小贴士　"妈妈语"

　　你也许会发现，当你和宝宝说话时，会不由自主地放慢语速，提高音调，一字一顿说出短的句子，有些关键的词、短语还会加以重复，甚至自然拖长尾音。这就是所谓的"妈妈语"或"父母腔"。这是适应宝宝语言能力和认知能力的一种"儿童导向语言"，是爸爸妈妈不自觉地表露出来的。心理学家发现，对婴幼儿说话时，适度使用这种方式有助于刺激孩子的言语技能。

　　但是，是否应该对孩子使用"妈妈语"，是存在争议的。有人认为这并不是提高孩子言语技能的好办法。如果宝宝耳濡目染的都是

"妈妈语"，这对他发展一套成熟的词汇和语法，是起不到积极的刺激作用的。

从稳妥的角度考虑，比较好的方法或许是从一开始和孩子说话时，就使用常规词汇。其实，也用不着使用"妈妈语"——因为孩子天生就有听懂语言的能力。

宝宝的语言发展是连续的、有规律的过程，0—1岁是语言发展的准备阶段。除了看到孩子生命早期每个月出现的特定新技能外，你还会看到整个语言发展过程中孩子的进步。这包括以下阶段：

第一阶段（0—3个月）：简单发音阶段

出生后第1个月，宝宝还不能发出任何有意义的声音。他的交流方式是哭和其他的肢体语言，如手和腿的运动、面部表情及眼睛的注视。大约2个月，宝宝能发出一些重复的元音和少量辅音，如"a""ai""o""ou""m"等。这些声音仍然没有任何意义，通常是宝宝放松的表现。

在这个阶段，培养语言技能的最好方式，是抓住每个机会对宝宝说话，即便他可能还听不懂。不管是宝宝听你说，还是听你与他人的对话，都是他扩展词汇量的过程。言语信息输入得越多，宝宝能积累的语言材料就越多。和宝宝说悄悄话或呼唤他的名字；给宝宝穿衣时、喂奶时、换尿布时，为他描述正在做的事；宝宝哭泣时，向他解释哭的原因，比如"宝宝，你哭是因为尿布脏了，现在我已经为你换过了，你该高兴了哦"。

看着宝宝说话

在最初的 3 个月，和宝宝说话时，你的声音一定要勃勃有生气。无论何时和宝宝说话，都要尽可能地用眼睛看着他，让他看见你的笑容，让他有机会观察你说话时的眼睛、脸、嘴。正是通过解读你所使用的词、透露的语气、展现的表情，宝宝建立起了自己的说话基础，为将来用语言表达自己做准备。

说简单的句子

两三个词即可，拉长尾音："宝——宝——真——漂——亮。"不必说"我""你"，这对宝宝没有意义，可以多说"爸爸""妈妈""宝宝"等。

及时回应

对宝宝说话时，不时停顿一下，对他展现微笑，鼓励他插话——即便只是咿呀的声音或喊叫声。一旦宝宝做出反应或兴奋地扭动身体表现出兴趣，你可以模仿他的声音，给予回应，鼓励他继续表达。这种回应，给宝宝提供了语言交流是你一言我一语的互动的对话经验。

第二阶段（4—8个月）：连续发音阶段

4个月时，宝宝的发音和呼吸器官发育逐渐成熟，能发出的声音更加多样。这些随意的咿咿呀呀可能是宝宝吸引你注意的方式。后来的几个月，他咿咿呀呀的声音似乎不再是随意所为，甚至有时能对大人说的话做出回应。他发出的辅音更多了，也出现了连续的音节，如"ba-ba""ma-ma""na-na""da-da"等——大人通常会误以为他在叫爸爸妈妈。

在这几个月里，你和孩子的谈话更为活跃，他成了积极的参与者，似乎真的能听懂你在说什么，咿咿呀呀地好像也想对你讲述什么。

先问再做

虽然宝宝的咿咿呀呀对你毫无意义，你还是要煞有介事地同他对话，并揣测他的想法或感觉。当你觉得宝宝饿了，在喂奶之前先问问他："宝宝，你哭是因为饿了吗？"或者是："你不高兴是因为玩具掉下来了，对吗？"他可能还不会回答你，甚至只是静静地看着你，但他可能已经在琢磨你说的话了。所以，当你想要直接做点什么的时候，先停一停，温和地凝望他、询问他，鼓励他"说"更多。

体验更多可能的声音

为宝宝提供更多的声音素材，换一种音调和孩子说话，看看他是否会模仿你；为宝宝唱儿歌、播放不同节奏的音乐，抱着宝宝跟随音乐摇摆。也别让宝宝总在家里待着，带他去见见世面。带他去公园，跟他说说天空的颜色、树叶的变化；指给他看路上行驶的汽车，模仿马达的声音、喇叭的声音。

发展"共同注意活动"

4个月开始，宝宝经常会凝视某些物体，你可以顺着他的视线看看他究竟在注意什么，然后告诉他所注视的物品的名称。这种活动称为"共同注意活动"。读绘本，是典型的"共同注意活动"。试试声情并茂地给宝宝讲故事，你夸张的面部表情、丰富的语音语调会让他非常感兴趣。研究表明，"共同注意活动"能预测儿童早期的语言发展，即经常参加"共同注意活动"的宝宝，他的词汇掌握得较多，将更快地学会说话。

发展"听"的技能

听力训练能增强宝宝的听觉能力，提升注意力，也是宝宝今后开口说话和发展语言能力的基础。当宝宝躺在床上玩耍时，可以试试"听音辨位"的游戏：在他的左方、右方、前方或者直接在他身后发出声音，然后停在原地，等着宝宝转过头来寻找你。当宝宝发现你时，给他一个热情的笑容或大大的拥抱以示鼓励。

第三阶段（9—12个月）：学话阶段

这时的宝宝会模仿大人的发音，开始把词和具体的事物联系起来，似乎能"听懂"你说话。他的小脸上也总是写满认真的神情，音调忽高忽低地说个不停。在宝宝 12 个月左右，你将因为听到了他的第一句话而欣喜若狂、忘乎所以。接下来，宝宝的词汇量将越来越丰富。当他不仅能听懂词，还能在听懂词的基础上说出词时，真正的"交流"便开始了。

在这个时期，我们是多么渴望孩子能准确地说出第一个词，叫出第一声"爸爸""妈妈"。然而，宝宝开口说话的进程应当是自发的、愉悦的。放下你的焦虑和殷殷期盼，为他做出更多的示范，创造更多练习的机会吧。

用正常语气和宝宝说话

就像在和大人交流一样，为宝宝示范正确的语音，鼓励他模仿。当你发现宝宝咿咿呀呀想要描述什么时，耐心听完并做出回应，把你认为他想说的话准确、清楚地拓展开来告诉他。比如，当宝宝看到爸爸兴奋地大叫"ba-ba"时，你可以说："对呀，没错，这是爸爸。"对孩子来说，这两句话完全不是一码事。

描述你们的日常生活

向宝宝描述日常生活中常见的事物或经常使用的家庭用品，帮助他把词同具体的物体联系起来。比如，吃饭的时候，问问宝宝："勺子在哪里？"看着他的眼睛，鼓励他找出来。看绘本的时候，找一找最常见的小星星或小动物，看看他能否在下一页再次指出它们。

积极反馈

对宝宝说："把球给我。"如果他听懂了并把球给了你，马上积极而热烈地给予回应，对他欢笑，给他拥抱。如果宝宝没听懂，重说一遍，然后举起球向他示意。

小贴士　你怎么还不会说话?

宝宝是以两种方式使用语言的：语言接受能力和语言表达能力。语言接受能力的发展总是远远先于语言表达能力的发展，也就是说，孩子所理解的词将远远超出他实际可以说出的词。比如，宝宝虽然还不能说出自己的名字，但听到自己的名字时会做出回应。

有的宝宝语言表达能力发育很早，可能在 6 个月就能说出第一个字，而有的宝宝可能在 2 岁才开始说出第一个字。这并不意味着后者的语言发育逊色。语言表达能力的开启在宝宝 6 个月到 2 岁的时段内都有可能发生。

3. 适合0—1岁宝宝的认知互动游戏

游戏是宝宝最喜欢的活动，也是促进宝宝发展的主要途径。爸爸妈妈要善于利用身边随手可得的各种小道具，帮助宝宝发展各项能力。当然，所有的亲子游戏都应考虑宝宝的个性、参与的意愿、当下的情绪状态、注意力集中和分散的时间等，适龄的、适度的、富有趣味性的亲子互动游戏，才能给宝宝和父母带来愉悦的体验。

视觉追踪

适用月龄：从出生开始。

游戏准备：丝巾、能发出声响的各类玩具、手电筒。

玩法：让宝宝平躺在床上，父母手拿丝巾，在宝宝眼睛上方约30厘米的距离晃动，吸引宝宝的注意力。当宝宝注意到丝巾时，可左右或上下移动丝巾。随着宝宝月龄的增加，可渐渐加快移动的速度及拓宽移动的范围。宝宝会从仅用眼睛追随发展到能扭动脖子追随，直到能慢慢伸出手去够取丝巾。能发出声响的各类玩具也是非常棒的道具。

当宝宝能趴之后，也可借助手电筒，在宝宝视线注视的方向左右、前后、上下移动光源，丰富宝宝的视觉体验。

我的小脚印

适用月龄：3个月及以上。

游戏准备：胡萝卜泥等有色蔬菜泥、画纸。

玩法：准备有色的蔬菜泥，如胡萝卜泥等，涂抹在宝宝脚底，从脚跟到脚趾都可涂满，然后让宝宝在画纸上印上小脚印吧。也可以把宝宝的小手拓印出来哦！

听力游戏

适用月龄：从出生开始。

游戏准备：可以发出声音的玩具。

玩法：拿一个玩具在宝宝的耳边轻轻地发出声音，慢慢变换玩具的方位，观察宝宝是否会转头或转动小眼睛寻找声音的来源。在宝宝能坐之后，你也可边对着宝宝说话、唱歌，边从房间的一侧走到另一侧，调整声音的方向或距离，观察宝宝的反应。

给宝宝一些能发声的玩具，然后播放音乐，让宝宝随着音乐摆动身体，摇晃玩具。爸爸妈妈也可以先示范如何使用这些"乐器"。

小小语言课

适用月龄：4 个月及以上。

游戏准备：手偶。

玩法：4 个月左右，宝宝开始会咿咿呀呀地发出各种有趣的声音，开始有了"表达"的意愿。当宝宝发出"啊啊""呜呜"的声音时，你可以尝试模仿他的发音，宝宝会更加兴奋地与你"对话"。也可以试着将宝宝发出的声音稍作改变来回应，将声音拉长或多加一两个音节，如将"啊"变成"啊啊啊啊"、"呜"变成"呜喔呜喔"。

宝宝 6 个月之后，可以准备一些手偶，以手偶的口吻同他唱歌、对话，和他跳舞，宝宝会变成这些手偶的忠实粉丝。

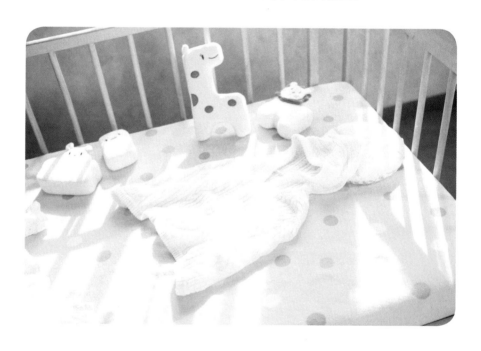

摇一摇

适用月龄：从出生开始。

游戏准备：柔软的球。

玩法：让宝宝趴在柔软的球上，同时扶住球和宝宝的身体，前后左右缓缓摇动。边摇边对着宝宝唱歌、说话或播放音乐。

宝宝能够独坐时，父母可以帮助宝宝坐在球上。除了前后左右摇摆，还可以扶着宝宝坐着上下弹跳，锻炼宝宝背部和脊椎的力量。

小飞毯

适用月龄：从出生开始。

游戏准备：毛毯。

玩法：让宝宝躺在毯子上，爸爸妈妈分别抓住毯子的头尾两端，将毯子略抬高，左右轻柔晃动，和宝宝保持眼神的交流。对着宝宝唱歌或说话能帮助他更快放松。毯子放回地面时，脚一端先落地，头一端后落地，保证宝宝头部的安全。

当宝宝对摇摆晃动表现出放松时，父母可以尝试将毯子继续向高处提起，再缓缓放下。如此反复，帮助宝宝感受上下高低的空间位移。

穿越隧道

适用月龄：9 个月及以上。

游戏准备：纸箱、球等。

玩法：家里废弃的纸箱是帮助宝宝探索空间的环保道具。将纸箱拆成两头开阔的"隧道"，鼓励宝宝在隧道里钻来钻去。

将多个纸箱连起来，延长"隧道"的长度。在"隧道"里丢上小球或在另一头吹泡泡，能让宝宝更有爬的动力。

回顾与思考

1. 0—1 岁宝宝的视觉和听觉发育有什么特点？

2. 宝宝爱吃手应该怎么办？

3. 宝宝在开始说话之前经历了怎样的语言发展过程？

4. 可以做些什么来帮助宝宝发展语言能力呢？

5. 和你的宝宝一起玩一玩认知互动游戏吧！

第 四 章

不可忽视的情绪养育

4

1. 养育爱笑宝宝

刚出生没几天的时候，妈妈经常看到贝贝睡眠中暖暖的笑。6个月大的贝贝被奶奶抱在怀里在小区散步，一阵风吹过，树叶飘动，贝贝开心地笑了起来；妈妈一不小心打了个喷嚏，9个月的贝贝开心地咯咯直笑。

读懂宝宝的笑

宝宝的笑是与人交往的基本手段，是获得人们喜爱的最有力的手段，通过笑可以引出父母对自己的积极反应。

宝宝从生下来就开始有笑的反应，或在甜甜的睡梦中，或在身体舒适时，或在被温柔地抚弄脸颊时。4个月左右，宝宝开始对不同的人有不同的微笑，并出现有选择性的社会性微笑。比如，宝宝对亲近、熟悉的人会无拘无束地笑，尤其是对母亲表现出更多、更开心的笑，而对陌生人则带有一种警惕的注意。这是真正意义上的社会性微笑。

宝宝的微笑带给了父母由衷的快乐，并获得父母更多的抚爱、拥抱等积极的回应。父母在这样的互动中感受到与孩子在一起的欢乐，并产生养育的自豪感。更重要的是，这加深了宝宝与其生活中的重要人物的情感联结，彼此间也形成了更积极的关系。但是，如果父母缺少笑意，而是经常性地生气、发怒，久而久之，孩子也不会笑，也不可能笑，会变得冷漠、孤僻、不合群。

爱笑宝宝养成记

当拨浪鼓发出悦耳的声响，宝宝会兴奋而笑；当大人带来新奇的感官知觉，让房间的灯光一明一灭，宝宝也会开心不已。如果能打开宝贝笑语的大门，让家里弥漫着银铃般的笑声，该是一件多么幸福的事情。

满足宝宝的需要

宝宝只有睡够了、吃饱了、小屁屁舒服了，才有可能开心满意地笑。另外，丰富的刺激也是宝宝快乐的源泉，包括各种视觉刺激，如夸张的面部表情、突然消失的物体；触觉刺激，如吹头发、敲膝盖、轻咬小手等；听觉刺激，如唇的爆破音、低低的耳语、夸张的声音、好听的音乐等；社会性刺激，如看大龄儿童踢球、跑、跳等。

4—6个月时，触觉刺激是最能引起宝宝发笑的，但随着月龄的增加，触觉刺激对宝宝的吸引力减弱，社会性刺激和视觉刺激更能引起宝宝出声地笑。

扩大宝宝的社交圈

别忘了，宝宝也需要适当的外界交往。请带宝宝外出，与一些亲切友好的陌生人接触吧。如果见到大一点的小朋友会走会跑、会蹦会跳，看见他们踢球、骑车满草坪地转，宝宝会雀跃不已。

你可以将你的宝宝介绍给在小区中玩耍的其他小孩，也可以鼓励其他大一点的小孩给你的宝宝唱歌或是展示某样玩具的玩法。观看学步宝宝玩躲猫猫会给6个月大的宝宝带来很多乐趣，等到他8个月大时，就会自己玩了。你甚至可以邀请邻居家的小孩来家里做客，如果能和邻居家的孩子经常来往，让宝宝们共同成长，这会让宝宝感受到兄弟姐妹般交往的快乐。

爱是宝宝最好的快乐源泉

妈妈香甜的乳汁，父母温暖的怀抱、迷人的微笑和爱抚的动作，会让宝宝感到舒适、满足。父母高兴地逗引宝宝，很快宝宝就会报以微笑。这种愉快的情绪会使宝宝和父母逐渐形成健康的亲子依恋关系，让宝宝感到安全、快乐。父母做什么并不重要，即便是做一些傻乎乎的游戏，宝宝得到专注的、爱的陪伴，是他开心的关键原因。要知道，好的亲子关系是宝宝发展愉快情绪的起点。

父母可以每天和宝宝玩一些适合他月龄的亲子游戏，充实宝宝的生活。比如，你可以合着音乐的节拍抱着宝宝一起跳舞，让宝宝躺在摇篮里静静地听一首优美的乐章，或者为宝宝轻唱一首童谣，这些都会让宝宝体验到爱与美好。

和谐的家庭关系传递快乐

宝宝的情绪发展是由内而外逐步展开的。宝宝最先接触到的就是父母等家人，美满和谐的家庭生活能使宝宝建立起对他人的信任，良好的情感传递可以为宝宝将来的人际关系打下基础。虽然工作的压力、家庭的矛盾、带宝宝的辛苦都是不可避免的，但不要把压力传递给宝宝，更不能把怨愤发泄到宝宝身上。以乐观、幽默的方式来处理成人的压力和矛盾，做快乐的父母，彼此尊重、理解，可让宝宝感受到真正的幸福与快乐。

欢乐亲子小游戏

挠痒痒

适用月龄：从出生开始。

游戏准备：羽毛、绒球、海绵等不同材质的小道具。

玩法：用不同材质的小道具轻轻触碰宝宝的身体，从脸部开始——眼睛、鼻子、嘴巴、脸颊、耳朵，到身体各个部位——头顶、肩膀、膝盖、肚子、脚趾等。

爸爸妈妈可以根据宝宝的反应调整触碰的力度或速度，可以边玩边对着宝宝说出或唱出身体各部位的名称。记得跟宝宝保持眼神的交流，他可能会用咯咯的笑声回应你，也可能会挥舞小手小脚来表达自己的兴奋。

照镜子

适用月龄：3个月及以上。

游戏准备：镜子。

玩法：找一面安全的镜子，让宝宝趴在镜子前。3—4个月的宝宝已经开始能注视镜子一会儿了，虽然他还不知道镜子里的人是自己。爸爸妈妈可以对着镜子里的宝宝说话、唱歌甚至做鬼脸，还可以摸摸宝宝的五官——通过镜子来认识眼睛、鼻子、嘴巴等。

跳个舞

适用月龄：6个月及以上。

游戏准备：欢快的音乐。

玩法：爸爸妈妈一手竖抱着宝宝，一手拉着宝宝的手，随着欢快的音乐舞动身体。可以变化脚步的速度，也可以抱紧宝宝转圈。如果爸爸妈妈能够跟着哼唱歌曲，带着宝宝跳舞，宝宝会更开心。

2. 家有"好哭"宝宝

哭是一种不愉快的、消极的情绪反应，但这并不表明它就是消极的、不被接纳的东西，它同样对宝宝的成长具有重要的价值。当宝宝哭时，通常总有不适的因素，如疼痛、寒冷、饥饿等。母亲和其他人在听到哭声后，就会马上过来照顾他，消除不适因素，给他以抚慰。哭同样是宝宝与父母交流、传递信息、相互了解、建立联系的重要方式，宝宝也常以哭声来吸引大人接近、挽留大人或招呼其赶紧回来，以保持与他的亲近。

透过哭声找原因

0—1岁的宝宝，啼哭的原因不同，模式也不同。父母要根据宝宝的哭声寻找原因，以采取适当的护理措施。

我饿了

这是宝宝基本的哭声，初生时就开始。它有节奏，频率快。啼哭时伴有闭眼、号叫、双脚乱蹬等行为。宝宝出生第1个月时，有一半的哭是由饥饿或口渴引起的，这种情况在头半年内一直比较突出。到第 6 个月时，这种情况仍占 30%。饿时的哭声很洪亮，而且哭的时候头来回转动，小嘴一碰到东西就会有吸吮的动作。这时，爸爸妈妈要做的就是赶紧把宝宝喂饱。

我热了或冷了

宝宝感觉热的时候，往往会哭得满脸通红，头上身上都湿乎乎的；宝宝感觉冷的时候，哭声会相对低弱些，手脚冰凉、身体蜷缩，甚至脸色苍白。爸爸妈妈要根据宝宝不同的表现，适当地给宝宝增减衣物或被子。

我没睡好

这种哭闹可能是睡姿不舒服、做梦、睡眠习惯不好或睡眠环境不佳等原因造成的，需要及时给宝宝安慰，比如轻轻拍一拍宝宝，或者抱一抱宝宝。

我好痛

1 岁以内，宝宝常因肠胃不适、打针等疼痛而啼哭。这种哭的最显著特征是突然高声大哭，事先既没有呜咽，也没有缓慢的哭泣，拉直了嗓门连续大哭数秒后，接着是平静地呼气、再吸气、又呼气。如果宝宝是因为吃奶导致胀气了，爸爸妈妈就可以竖着抱好宝宝，让他趴在自己的肩上，用空心手掌为他拍嗝。

我受到了惊吓

从初生时就开始。比如，突然抽出宝宝身体下的毯子，或出现较大的声响，宝宝会因受惊而大哭。其特征是突然发作，强烈而刺耳，伴有间隔时间较短的号叫。宝宝受到惊吓后，爸爸妈妈要及时给予宝宝温暖的拥抱，用温柔的声音安抚宝宝。

我要撒娇

从出生后第三周开始出现。宝宝先是长时间"吭吭吱吱"，声音低沉单调，断断续续。如果没有人去理会，他就会大哭起来。当宝宝想引起大人注意时，就会发出声调比较高的哭声，但一般不会流眼泪。爸爸妈妈给予宝宝需要的关注，跟宝宝进行亲密的亲子沟通后，宝宝会变得开心。

我生气了

初生时就有。比如，初生宝宝在被限制活动时会被激怒而哭。宝宝发怒时，哭声往往有点失真，因为宝宝吸气过于用力，迫使大量空气从声带通过，振动声带而发出哭声。如果撒娇没能引起父母的注意，或者有什么事情让宝宝感到愤怒，此时的哭声与撒娇时相比，声音更高，甚至有些尖厉刺耳。宝宝生气时，爸爸妈妈可以转移宝宝的注意力，对宝宝进行安抚。

我很难过

初生时就有。这种啼哭是在无声无息中开始的，如同疼痛时的啼哭一样，但没有长时间的屏息，开始时的两三声是缓慢而拖长的，持续不断，悲悲切切。宝宝感到难过的时候，哭泣的声音听起来也是比较低沉的，有点像呜咽声。难过的宝宝，只需要爸爸妈妈温暖的怀抱。

宝宝1岁以内常哭，是正常的事，也有生存、发展上的意义。但随着年龄增长，在良好的抚养、教育条件下，宝宝哭的现象会逐渐减少。因为宝宝对外界环境和父母的适应能力在逐渐增强，正逐渐学会用动作和语言表达自己的需要和状态。同时，宝宝也逐渐学会控制自己的消极情绪表达。因此，如果宝宝1岁以后还经常哭，大人则要注意纠正。

宝宝有时突然发生莫名其妙的啼哭或其他不愉快的现象，可能是发病的先兆。另外，父母也需要检视自己是否忽视了孩子，因为宝宝同样有交往、被关爱、被重视的需要，而且更喜欢与父母进行比较亲密的身体接触。对宝宝的哭，不论是大孩子，还是小宝宝，都要分清原因，有区别地、正确地对待。

宝宝一哭就抱合适吗？

许多父母或许都有过这样的经验，当孩子号啕大哭时，有人会以过来人的身份严肃地"告诫"你："宝宝是不能随时抱的，一哭了就去抱，会撒不开手，宝宝会变得非常黏人。更何况宝宝多哭可以锻炼肺活量，让他哭一会儿吧。没人理他自然就不哭了。"此时，爸爸妈妈心里无比纠结，是去抱抱他、安抚一下他不安的情绪，还是不理会他呢？在这样的指导意见之下，确实很多孩子哭了也能够适应没有大人的拥抱，哭的次数会越来越少。可是，这样能说明孩子变得更好了吗？

宝宝的哭声是需要帮忙的信号

在宝宝生命的头 4 个月里，不可能因为你抱或回应他太多而宠坏他。对一个睡眠和进食模式还没有形成规律的活跃宝宝来说，拥抱、回应他的哭声、当他难受的时候安抚他，都只会对他有益。毕竟，这时宝宝的哭声更多的是他需要父母帮忙的信号。是否有人愿意无条件地接纳他、照顾他、爱他，是每个孩子在生命之初都会有的焦虑与恐慌。这个小小的孩子唯一的应对方法只有一样——哭。当他使出自己的撒手锏时，就是最需要有人给他帮助的时候。

积极回应绝不是溺爱

实际上，积极回应宝宝的需求与溺爱完全是两码事。宝宝时期的需求，基本都是生理上的需求。月龄越小的宝宝，对他的需求满足度就应该越高。当他的需求得到回应和满足时，他就会感到愉悦，进而是对父母无条件地信任与爱。父母积极地回应宝宝，可以让宝宝知道他在人的交际与情感世界里，有一种巨大、可靠的影响力，他的行为会促使某种情况发生，这既能让宝宝产生能力感、控制感、自信心，还可以强化宝宝的交往意识，使他喜欢与他人交流。

相比之下，那些对宝宝的哭声采取冷漠或忽略态度的父母，往往会让宝宝变成一个灰心丧气、反应迟钝的孩子，或者成为一个性情冷漠、脾气暴躁的人。因为宝宝会感到自己很无助，他无法控制自身的环境，于是便会逐渐放弃对环境的探索。当宝宝得不到及时的回应时，他只能学会放弃。所以，如果宝宝长时间得不到父母的回应，不是会变得更有耐心，而是更耐不住，容易缺失安全感，形成烦躁、焦虑和恐惧的心理。

立即回应、积极呼应和延迟满足

请注意，积极回应，并不是对宝宝的任何需求都要立即予以满足，而是要区别对待。由于宝宝哭闹的起因和目标不尽相同，所以父母要学会对宝宝的哭声进行辨别和判断。如果宝宝的哭闹属于病理性状况，父母一定要毫不迟疑地立即给予回应。这是反映宝宝健康状况的重要信号。生理性需求和心理性需求则可采用积极呼应、延迟满足的方式予以解决。

延迟满足是指父母对宝宝的需求用声音和肢体动作来做出反应，而不是马上给予宝宝想要的。比如，一边拍拍宝宝，一边跟宝宝说说话。这样可以让宝宝意识到父母已经听到了他的呼唤，读懂和理解了他的需求，并会给予他适当的帮助。虽然宝宝的需求被延缓满足，但父母及时的呼应安抚了他不安的情绪，所以，宝宝会在希望中度过一段甜蜜的等待时光，同时锻炼了他的延迟满足能力，提高了他面对挫折的自信心和承受能力，养成充满爱但又不依赖他人的良好心理。

3. 宝宝会认生

几乎每个宝宝在0—1岁这一阶段都会经历"认生期",认生是宝宝的社会性发展到一定程度的体现。当然,宝宝一出生并不认生,他的认生更多的是在环境的影响下逐步发展起来的。

认生源于恐惧

宝宝认生的本质原因是恐惧。恐惧是宝宝自出生就有的情绪反应,是一种本能的、反射性的反应。最初的恐惧,是由大声、从高处降落、身体位置突然变化等自然因素所引起的。约从4个月开始,与知觉发展相联系的恐惧经验,如被火烫过、被小猫抓过、从高处摔下过等,会引起宝宝不愉快的反应,让他产生恐惧情绪。

也正是从这时候开始,视觉逐渐对恐惧的产生起作用。随着宝宝心理的发展,他能较好地分清陌生人和熟人。一般在6—8个月时,宝宝开始对陌生人产生恐惧,当陌生人接近时,他会特别警觉并拒绝其接近。在这一阶段,宝宝不仅害怕陌生人,还害怕许多陌生、怪样的物体和没有经历过的情况。

陌生人焦虑

8个月大的豆豆正在玩玩具时，一个陌生妇女靠近了她。豆豆的神情变得非常紧张，眼睛在陌生人和母亲之间来回观看。几秒钟后，她突然"哇"地大哭起来。当那个陌生人离去后，豆豆慢慢平静下来。但一会儿陌生人回来了，豆豆又大哭起来。

这种由陌生人的出现而引起宝宝恐惧、焦虑的反应，就叫"陌生人焦虑"，也叫"怯生"。

并不是任何时候宝宝见到陌生人就一定会害怕。宝宝是否会产生陌生人焦虑，取决于当时的情境关系，包括父母是否在场、宝宝与父母的距离、环境的熟悉性、陌生人的特点、陌生人与宝宝的距离等。

如果宝宝是在家里被陌生人接近，几乎很少出现害怕的情况；但如果是在不熟悉的地方被接近，宝宝就很有可能怯生。如果陌生人接近宝宝时，父母在旁边或者陌生人不介入宝宝的活动，宝宝的焦虑反应不会很强烈。同样，当陌生人接近宝宝时，如果他是慢慢地走近宝宝，说话轻柔，在一旁与宝宝玩耍，那么宝宝也很少产生恐惧。但是，如果陌生人是很快地走近宝宝，默不出声或者说话声很响，并试图抱他，宝宝就很可能会产生恐惧。

减少宝宝的陌生人焦虑

提早适应，不慌张

一般来说，4 个月以前的宝宝不会怯生，父母要抓住这一时间段，多带宝宝到户外走走，让宝宝接受多种多样的刺激，特别是接触各式各样的人群，熟悉男女老少各种面孔。比如，父母可以带宝宝参加一些婴幼儿活动，增加宝宝的参与意识，扩大宝宝和同龄宝贝的社交范围，让宝宝熟悉各种面孔，学会在陌生的环境与陌生人相处，让宝宝不再害怕。

对于安静内向的宝宝，更要为他创造与人接触的各种条件与环境，让他尽量多地接受人们的引逗，与各种人交往，也可以利用各种不同的假面玩具和宝宝玩游戏。这一段时间的训练，也是决定宝宝以后是否会怯生的关键。

慢慢调整，不强制

对已经有了怯生反应的宝宝，既不要避免让他与陌生人接触，也不要强制或逼迫他与陌生人交往，否则会适得其反，要让他有一个慢慢适应陌生环境及陌生人的过程。

爸爸妈妈可以经常带宝宝到亲朋好友家串门，或邀请他们来自己家做客。可以安排这样的场景：陌生人与宝宝喜爱的玩具、糖果之类的物品同时出现，让宝宝多次体验到陌生人的出现伴随着良好的刺激，宝宝对陌生人的恐惧感就会逐渐消失。

在带宝宝参加集体活动时，爸爸妈妈要针对可能出现的情况，提前采取应对措施，比如事先带宝宝去熟悉环境。在集体活动中，要避免众多陌生面孔同时出现在宝宝面前，也不要让众多的陌生人七嘴八舌地一起与宝宝打招呼或争抢着抱宝宝、逗宝宝。这些都会使宝宝缺少安全感，增加害怕或怯生的程度。

如果宝宝在跟陌生人交往时，喜欢保持一定的距离，不喜欢陌生人太亲近自己，那么，当你抱着宝宝遇到自己的朋友时，你可以先跟朋友打招呼、交谈，让宝宝感觉到父母跟这个陌生人是熟悉的。待宝宝不害怕陌生人后，才可以让他们摸摸宝宝或抱抱宝宝，千万不能很突然地让陌生人去抱宝宝，这样会让宝宝紧张、害怕。

回顾与思考

1. 宝宝的笑是怎样发展的？宝宝什么时候开始出现社会性微笑？

2. 怎样才能培养出积极、乐观的宝宝？

3. 你知道你的宝宝为何哭闹吗？当宝宝哭闹的时候，应当给出什么样的回应？

4. 为什么宝宝会认生？

5. 怎样减少宝宝的陌生人焦虑？

5

培养亲密关系从 0—1 岁做起

1. 不同气质类型宝宝的养育

"诺诺是个很好带的宝宝，她的作息时间很规律。她每天早上睡觉起来，睁开眼睛就会对我微笑。尿尿了她也不哼唧，一条纸尿裤从睡觉一直穿到早上起床。"每当诺诺妈妈向别人这样说的时候，往往都会引来别人的羡慕。"我家那个简直是磨死人了。他白天睡觉少，晚上要十一点以后才睡觉，有时候七八点就睡了，根本摸不透他的作息时间。更抓狂的是他特别黏我，我被折磨得都想把他塞回肚子里去。"

气质作为个性的重要组成部分，虽然无所谓好坏，但会影响孩子与周围环境的关系，进而影响其未来发展的方向。了解孩子的气质特点，把握住他一生中最具可塑性的黄金时期，因材施教，可以更好地培养孩子的行为和个性。

小贴士　气质的九大维度

国内外研究者基于不同的气质理论取向提出了各自的气质结构观点，其中以 Thomas 和 Chess 开创的九维度气质模型最具代表性。Thomas 和 Chess 采用日常行为观察法和父母问卷调查法，经过对

141 名婴儿进行长达 10 年的追踪研究后指出，婴儿有九个方面的情绪和行为方式是相对稳定的，而这九个方面的一般的行为特征就构成了其独特的个人气质维度：活动量、规律性、情绪本质、反应阈、反应强度、适应性、趋避性、坚持度以及注意力分散度等。

活动量：指个体在睡眠、进食、穿衣、游戏等过程中身体活动的数量和活动的速度。

规律性：指个体吃、醒、睡、排便等生理机能活动的规律性。

情绪本质：指积极情绪相对于消极情绪的比例。

反应阈：阈的意思是"门槛"。反应阈指的是一个人对外在事物、各式各样刺激（如声、光、温度等）的感觉敏锐度，因此也可以叫作"敏感度"。

反应强度：指个体表达情绪反应的能量水平。

适应性：指个体对新环境、新刺激、环境常规改变的适应能力。

趋避性：指个体对新环境、新刺激、陌生人等的最初反应特点（接近或回避）。

坚持度：指个体从事某单一活动时的注意时间和范围。

注意力分散度：指个体的注意力是否容易被周围的刺激所干扰而从正在进行的活动中转移。

根据宝宝在气质九大维度方面的表现，可以将气质分为 4 种主要类型：难养型、易养型、启动缓慢型、中间型。

难养型宝宝

这种类型的宝宝较难抚养。他们的生物功能不规律，对新的事物和陌生人退缩，适应较慢，经常表现出消极情绪且反应强烈，易出现行为问题。这种类型的宝宝大约占总数的10%。

你会在这种类型的宝宝身上看到一些明显的行为表现。比如：

生理的运作不很规律，也许两天贪睡三天早起；也可能这一餐间隔很短就哭着要吃奶，而下一餐不知道什么时候才会饿。这样让人捉摸不透的作息，常常会让新手父母们抓狂。

他们反应门槛低，无论是哪一种感觉，只要一点点刺激就感受得到。他们可能因为衣服的质地粗糙，或者厨房里的油烟味，就感到烦躁不安，甚至哭闹不止。

他们适应性低，身体与心理的调适都比较慢，陌生的环境常常会让他们觉得不舒服。

他们反应强度高，在表现负面情绪的时候，会哭得很大声、闹得很厉害，令周围的人十分困扰。可是，当这样的宝宝开心的时候，他们会咯咯地笑个不停，甚至大声呼喊、手舞足蹈，让人看了觉得世界真美好。因此，有的父母用"一面天使，一面恶魔"来形容孩子这样的情绪。

对难养型宝宝，父母的教养问题从一开始就有了，如怎样适应宝宝的没有规律的生活、适应慢的特点，怎样对待和调教宝宝的烦躁、易哭闹，等等。如果父母在养育孩子时不一致、不耐心，或经常性地斥责、惩罚孩子，那么这些孩子比其他类型的宝宝就容易表现得更加烦躁、抵触、易怒和消沉。而这种行为反过来又影响养育者，使得父母表现出更少的自信心、更多的焦虑、更多的失败和抑郁，更容易发怒，并且更有可能经历婚姻上的冲突。此外，难养型宝宝的妈妈更有可能遭遇产后抑郁症的困扰。

那么，如何改善养育者和难养型宝宝之间的关系呢？心理学提到了"影响同步性"，也就是养育者和难养型宝宝之间协调一致，有点像舞蹈，一个伙伴领舞一段时间，然后另一个又领舞一段时间。比如，当妈妈对宝宝微笑着说"没关系，饼干掉了我们捡起来"，宝宝发出咯咯的笑声，此时"影响同步性"明显地表现出来。然后，宝宝突然对桌上的橘子感兴趣，并且尝试去抓，现在妈妈把注意力转移到橘子身上。"你喜欢橘子。"妈妈说，并且把橘子放在手上让宝宝抓取。这需要养育者特别热情、耐心、有爱心地对待这样的孩子，全面考虑他们的气质特点，采取适合其特点的、特别的、有针对性的措施和方式，才能使这些孩子健康地适应社会，"走上正轨"。当然，这需要很长的时间，也需要宝宝的父母坚持不懈地共同努力，理性地克制自己。

易养型宝宝

该类宝宝易抚养。他们的生物功能规律性强，容易接受新的事物和陌生人，情绪较积极，反应强度中等，适应快，多数不会出现行为问题。这类宝宝约占总数的 40%。

你会在这种类型的宝宝身上看到一些明显的行为表现。比如：

他们规律性高，就像是天生装有一个闹钟在身体里面，他们睡眠、吃饭，甚至大便的时间都是有规律的。父母可以准确预测宝宝的作息，甚至可以配合着安排自己的事情，因此带起来觉得顺手无比。

他们反应门槛高，即使外界无比喧闹，他们照样可以呼呼大睡。他们不太会抱怨阳光太强、声音太大，甚至当尿不湿已经湿到兜不住了，他们仍然浑然不觉，继续玩耍。不过，当他们面对疾病的疼痛不太敏感时，父母可就操心了。

他们适应性高，变化对他们不构成压力，到了陌生环境也照样自在。

易养型宝宝对父母各种各样的教养方式都容易适应。因此，父母在对这种类型的宝宝进行教养时，可以在他们生理和心理都能接受的范围内，尽可能地丰富活动内容；在让他们保持对外界好奇的基础上，明确提出各种符合社会标准的行为要求，使他们从小形成良好的习惯。

启动缓慢型宝宝

这种类型的宝宝对新事物和陌生人的最初反应是退缩，适应慢，反应强度低，出现消极情绪较多。这类宝宝约占总数的 15%。

你会在这种类型的宝宝身上看到一些明显的行为表现。比如：

以开始被喂辅食为例，启动缓慢型宝宝只要碰到任何新食物、没尝过的味道，他的第一个动作就是用舌头将汤匙顶出去。到宝宝比较大的时候，这样的特质也还是存在。

到一个新地方、尝试一件新事物，有的宝宝总是先点头愉快地接受，而该类型的宝宝永远在还没有弄清楚的状况下就先摇头拒绝。

养育启动缓慢型的宝宝，关键在于让这些孩子按照自己的速度和特点去适应环境。如果这类宝宝的父母给他们施加压力以催促其尽快地适应环境，只会强化他们的逃避反应倾向。对这类宝宝，父母应该提供较多的机会，鼓励他们去尝试新经验、适应新环境，并在宝宝尝试、适应的过程中给予热情的帮助和具体的指导，如增加适宜的刺激，逗孩子玩乐，多与孩子对话交流，创造更多的机会让他们与小伙伴一起玩耍。

中间型宝宝

介于几者之间的为中间型宝宝，约占总数的 35%。

总之，不同气质类型的宝宝对早期教育的适应性和要求是各不相同的。深入了解宝宝的气质特性，有针对性地创设适当的家庭环境，有助于父母对宝宝的教育并避免宝宝产生行为问题。

例如，对于一种新食物，我们可以使一个适应能力强的宝宝较快接受并且喜欢它；但对一个适应力弱、感情强烈的宝宝，则必须连续几天都呈现此食物，直至他接受为止。对正在玩弄危险物品的宝宝，需要阻止他的行为：如果他是适应能力强的，则向他讲清楚道理就行了；如果他是易分心的，则只需转移其注意力；但如果他是一个固执的孩子，那就得把他转移到别处才能使他摆脱危险。

2. 建立安全型的母婴依恋

果果在 4 个月之前都是妈妈在照顾；4 个月后，妈妈要重回工作岗位，果果开始由爷爷奶奶带。刚开始时，果果表现出对妈妈的依恋，哭着不让妈妈离开。慢慢地，他开始接受新的养育者，跟爷爷奶奶在一起也很开心。但是当妈妈回来时，他只愿意赖在妈妈身上不下来。

为什么果果会表现出对妈妈特别的爱？

母婴依恋的发展过程

依恋是宝宝与抚养者主要是母亲之间一种积极的、充满感情的连接，它不是突然发生的，而是在宝宝同母亲较长时期的相互作用中逐渐建立的。

从出生到 3 个月，宝宝对所有人的反应几乎都是一样的，喜欢所有的人，喜欢听到所有人的声音，注视所有人的脸。看到人的脸或听到人的声音，宝宝都会微笑、手舞足蹈。所有的人对宝宝的影响也是一样的，他们与宝宝的接触，如抱他、对他说话，都能使他高兴。

3个月之后，宝宝开始对人的反应有了区别，对人的反应开始有所选择，也开始表现出对母亲的偏爱。比如，在母亲面前表现出更多的微笑、咿呀学语、依偎、接近。

从6个月起，宝宝对母亲的存在越发特别关注，特别愿意与母亲在一起，与她在一起特别高兴，而当她要离开时则哭喊着不让离开，别人还不能替代。当她回来时，宝宝则马上显得十分高兴。只要母亲在身边，宝宝就能安心地玩、探索周围的环境，好像母亲是其安全的基地。宝宝出现了明显的对母亲的依恋，形成了专门的对母亲的情感联结。这样的情感联结阶段一直要持续到宝宝2岁。

你的宝宝属于哪种依恋类型

依恋可分为安全型依恋、回避型依恋、抵抗型依恋和无组织紊乱型依恋4种类型。请对照你与宝宝的日常互动表现，测测宝宝属于哪种依恋类型。

下面的测试小问卷适用于6个月以上的宝宝。如果宝宝的主要抚养者不是妈妈，则换作相应的人。每个题目均有"是""否"两个答案，"是"计1分，"否"计0分，哪组得分最高即代表宝宝属于哪种依恋类型。当回避型依恋和抵抗型依恋得分都比较高时，宝宝有可能属于无组织紊乱型依恋。

安全型依恋

（1）妈妈在场时，可与妈妈一起愉快地玩耍、做游戏等。

（2）与妈妈分离时，会表现出哭泣或苦恼，但很快会恢复平静。

（3）当妈妈又回来时，会立即寻求与妈妈的亲近，可很快地与妈妈一起玩耍、做游戏。

（4）伤心时，在妈妈的安慰下可很快安静下来。

（5）遇到陌生人，起初可能比较拘谨，但在妈妈的鼓励下能积极地与陌生人交往。

（6）在妈妈的鼓励下，可在陌生人面前大方地表演节目。

回避型依恋

（1）和妈妈在一起玩耍时很少关注妈妈的行为。

（2）和妈妈在一起时，很少和妈妈主动交谈。

（3）和妈妈在一起时，很少表现出高兴的神情。

（4）与陌生人接触时，表现得胆子大，不退缩。

（5）妈妈离开时，不哭泣，悲伤程度小。

（6）妈妈回来时，并无明显的喜悦。

抵抗型依恋

（1）喜欢黏着妈妈，不愿意自己一个人待着。

（2）遇到陌生的人或者情境时，容易拘谨、害羞。

（3）即使在家中，遇到陌生人依旧很拘束。

（4）当妈妈离开时，表现得特别痛苦，大声哭闹，久久不能平复。

（5）妈妈回来时，既表现得特别黏人，又在妈妈接近时，表现出生气、踢打妈妈的行为。

（6）哭闹时，妈妈要花很长的时间才能使其平静。

在出生后两到三年时间里，宝宝的依恋类型取决于他与母亲之间的关系。如果母亲的行为有所变化，宝宝的依恋类型也会随之改变。但是，如果宝宝的生活条件和家庭环境没变，他的依恋类型也会持续不变。

帮助宝宝形成安全型依恋

建立安全型依恋的重要因素主要包括两个方面：一是母亲情感的可及性，二是母亲情感表达的一致性。

母亲情感的可及性

所谓可及性，就是婴儿能"够得着"母亲，婴儿的情感需求能得到母亲的关注和回应。对婴儿来说，母亲的及时回应确认了他的存在感。及时的回应是母亲与孩子在想法和行为上的互动。不管是哭泣、蹬腿，还是摇头、尖叫，孩子发出的信号都能被母亲接收到并做出反应，而不是视而不见、不闻不问，继续按照自己的想法进行。

除了情感上的可及性，母亲对于0—1岁的孩子来说，需要有更多的身体靠近，包括母亲给孩子足够多的拥抱和抚摸等身体的接触；孩子的行走、爬行等探索都在母亲的视线范围内。想象一下，孕期中，胎儿泡在羊水里，被胎盘紧紧地包裹着，听着母亲的心跳。当他突然降生到这个世界时，一切都极大地改变了，尤其是环境。为了让婴儿有一个逐渐适应的过程，最好能尽量模拟他原来的生活环境：给他包裹的感觉，保证一定的温度，制造一些白噪音等。

母亲情感表达的一致性

一致性，就是母亲对婴儿发出的信号做出前后一致的、恰当的反应。当婴儿笑时，母亲也笑；当婴儿哭时，把他抱起来，当婴儿发出声音时，与他说话。有的母亲过度情绪化，情绪好时，能给予恰当的反应；情绪不好时，看到婴儿哭泣会训斥甚至打骂婴儿。母亲对宝宝的态度变幻不定，容易使宝宝形成无组织紊乱型的依恋。因此，对孩子最好的养育，就是母亲的情绪平和。

3. 不做孩子的"隐形爸爸"

出于各种原因，很多爸爸错过了孩子成长过程中的许多第一次：第一次吃辅食、第一次生病、第一次说话、第一次迈步……久而久之，在长期的缺席下，爸爸慢慢地成为孩子生活中的"隐形爸爸"。

爸爸参与育儿非常重要

爸爸妈妈必须明白，在育儿中，爸爸起着与妈妈明显不同且很重要的作用。父婴交往绝不能由母婴交往所替代。所以，爸爸要尽量抽出时间陪伴宝宝，尽可能地参与到对宝宝的教养中来，不要做"隐形爸爸"。

在生活中，爸爸更多的是与宝宝玩兴奋、刺激、变化多样的游戏，而不是像妈妈一样更多地做传统、安静、缺少变化的游戏。因此，在与爸爸的共同游戏中，宝宝感到更加兴奋、快乐与满足，更加愉快、活跃、开朗。爸爸通过与妈妈极为不同的方式满足了宝宝积极情感的需要。爸爸陪伴孩子的时间长，孩子会有更大的勇气、更强的好奇心和解决问题的能力，面对陌生世界也更敢于探索。

妈妈对爸爸育儿的支持

怀胎十月，辛苦分娩。宝宝出生后，面对怀里的小可爱，妈妈很快就会母爱爆棚，而爸爸会显得有些迟钝。对大多数新手爸爸来说，他们需要很长时间才能进入爸爸的角色。想要爸爸尽快地适应，需要妈妈的帮助和支持。

少点抱怨，多点夸赞

产后由于身体和心理的变化，妈妈确实会容易很累、很烦。当有这些负面情绪的时候，妈妈需要以合理的方式表达出来。否则，妈妈的抱怨很容易让爸爸认为育儿很难，导致爸爸离育儿越来越远。

刚开始参与育儿，爸爸可能会笨手笨脚，弄疼宝宝。这时，妈妈需要收起"玻璃心"，不能抱怨爸爸，更不能代替爸爸，因为看到宝宝哭了，爸爸也会心疼，内心也会愧疚。妈妈要做的，就是抓住爸爸参与育儿的时刻，多给爸爸一些鼓励和夸赞。慢慢地，爸爸会在育儿路上越来越顺手。比如，看到爸爸一时兴起陪宝宝玩游戏，你可以抓住机会及时表扬："你太有办法了，看起来宝宝很喜欢跟你玩举高高的游戏。"

敢于放手，充分放权

新手妈妈经常会有类似"小家伙一时半刻都离不开我"的想法。其实，更多的时候是妈妈夸大了宝宝对母亲的需求。因为除了母乳喂养，没有什么事情是男人天生不能做的！如果爸爸不会做，那么指导比指责更重要。比如，爸爸不擅长陪孩子玩游戏，妈妈可以编好游戏后示范，再指导爸爸完成。

有的妈妈带宝宝时间长了，就会形成一套自己的程序思维，包括纸尿裤的穿法、洗澡的步骤、喂辅食的节奏、睡觉的仪式……当换成爸爸做这件事情时，程序和节奏稍微对不上，妈妈就像有强迫症一样来纠正，这不行那不对，非要按照自己的方法来。这让爸爸经常对宝宝感到手足无措，很容易怀疑自己的能力，就会依赖妈妈来搞定。所以，妈妈该放手时就放手，不要要求爸爸完全按照自己的方法来照顾宝宝，更不要上来就要求爸爸做到 100 分。总之，要有耐心，敢于放手，充分放权，给爸爸足够的尝试空间。

做好分工

给爸爸机会，最有效的方法就是做好分工。妈妈可以事先和爸爸做一个友好协商，让爸爸知道哪些事情他可以做。开始时，让爸爸做一些简单的事情，慢慢熟悉后，再加大力度和难度。比如，先让爸爸帮忙递尿不湿，再让爸爸和妈妈一起给宝宝换尿不湿，最后可以让爸爸一人独立给宝宝换尿不湿。

给爸爸的育儿建议

分担一部分家务

在宝宝出生后，妈妈的身体还需要恢复，照顾宝宝又需要投入大量的时间和精力，这时需要爸爸主动多分担一些家务，比如做饭、洗餐具、收拾房间、去超市采购等。要知道带孩子并不会比工作轻松多少，甚至在很多家庭里，妈妈除了带孩子还要工作。即使家中有老人帮忙，爸爸也应该清楚，这个家是你和妻子及孩子的，应该由你们来负责经营与维护，老人只是帮手，不是佣人。

主动学习育儿知识

如果面对软绵绵的小不点儿，你束手无措，不知该如何去做，不知道小家伙需要什么、在表达什么，那么学习可以让你轻松上阵。你可以查阅相关书籍，可以通过网络搜索获得信息，可以在微博、微信上关注一些儿科医生、育儿专家，也可以和其他爸爸交流。不过，最好的学习是在实践中，多花时间和孩子相处，他就会教给你很多，让你学会如何照顾他。

学着照顾宝宝

请从宝宝一出生就帮忙照顾小宝宝，可以从基本的事情入手：换尿布、拍嗝、洗澡、跟宝宝说话、哄宝宝睡觉。在照顾宝宝的过程中，你会发现宝宝虽然不会说话，但是也会给父母很多"信号"。多观察你的宝宝并学会接受他的"信号"，渐渐地，你越了解宝宝，就越懂得如何照顾他了。

和宝宝建立联系

通过触摸来建立和宝宝的联系。尽量多抱宝宝，把他放在你的胸口，让他能够听到你的心跳。帮宝宝做抚触，可以促进大脑发育，也能帮助你建立起和宝宝信任、亲密的联系。

尽可能多地和宝宝说话。抱着宝宝、给宝宝洗澡和帮他换尿不湿的时候，多跟他说话，比如，"爸爸帮你把尿不湿换了哦""这样就舒服了吧""别哭哦，爸爸马上就换好了"……你说的每一句话都有助于宝宝熟悉你的声音，和你亲近，并学习语言。另外，给宝宝讲故事、读书、唱歌，都很有用。

事实上，作为父亲，你对孩子的生命有着巨大的影响，这种影响从孩子出生就开始了。没有人天生就会做爸爸，做爸爸是一个学习的过程。

回顾与思考

1. 你的宝宝属于什么气质类型？在养育中应该注意什么？

2. 宝宝和你的日常互动表现是怎样的？你的宝宝属于哪种依恋类型？

3. 如何帮助宝宝建立安全的依恋？

4. 试着在纸上列出爸爸参与育儿非常重要的十大理由。

5. 在爸爸参与育儿的过程中，妈妈可以怎样支持？

6

第 六 章

面对新生儿的挑战

1. 身体是育儿的本钱

生产过后，妈妈们发现身体对自己来说很陌生：腹部鼓鼓的，看起来仍然像至少有 6 个月身孕的样子；妊娠纹毫不客气地爬满了肚皮、大腿，没有一点儿消退的样子；伤疤开始找上门。妈妈们可能感觉到非常的虚弱，筋疲力尽。如果进行了剖宫产，甚至连坐起来都十分困难。肩膀、腿甚至是喉咙都可能会疼，眼睛也充满血丝。所幸的是，新生命的到来会给妈妈带来一丝欣慰。但不管如何，请妈妈们别忘记恢复好自己的身体。你好，宝宝才会好。

莫让传统误区伤了身

传统上，人们将产后一个月妈妈的身体恢复称为"坐月子"。坐月子讲究很多，要求生活方式、饮食方式以及休养的方式都区别于往常。殊不知，坐月子中的一些陈规陋习，可能会给产妇留下很多遗憾，使产妇的身体不能得到很好的恢复。现如今，我们要讲究科学地坐月子，及时摒弃坐月子中的陋习，给妈妈身体最健康的呵护。

关于洗头洗澡

不少地方，尤其是农村有这样一种不成文的规定：产妇要在满月后才能洗头洗澡。实际上，这种认识是不合理的。过去洗澡洗头没有条件做好防寒措施，容易让产妇受寒。如今几乎家家都有吹风机、热水器、空调等设备，这极大地减少了受风寒的可能性。而且，妈妈们产后身体虚弱，经常大汗不止，加上恶露不断和乳汁分泌，身体比一般人要更容易脏，更容易让病原体侵入。因此，产后讲究个人卫生十分重要。

产后完全可以照常洗澡，问题在于如何洗。产后洗澡应当洗淋浴，1个月内禁止盆浴，以免洗澡用过的脏水灌入生殖道而引起感染。洗澡时要注意控制水温、避风，浴后尽快擦干，注意保暖。难产、剖宫产或身体虚弱的产妇，可以用热水擦洗全身。

关于刷牙

产妇进食次数较多，吃的东西也较多，如不注意漱口刷牙，容易使口腔内细菌繁殖，发生口腔疾病。过去，有不少妇女盲目信奉"老规矩"——坐月子时不能刷牙，结果坐一次月子毁了一口牙。

产妇每天应刷牙一两次，可选用软毛牙刷轻柔地刷动。每次吃过东西后，应当用温开水漱口。只要体力允许，产后第2天就应该开始刷牙，最好不超过3天。但是需要注意，由于产妇身体较虚弱，正处于调整中，对寒冷刺激较敏感，因此切记要用温水刷牙，并在刷牙前用温水将牙刷泡软，以防对牙齿及牙龈刺激过大；也可采用指漱，即把食指洗净或在食指上缠上纱布，把牙膏挤在手指上，在牙齿上来回、上下擦拭，再用手指按压牙龈数遍。这种方法可活血通络，坚固牙齿，避免牙齿松动。

关于吹风

过去常有为避免产妇吹风受风寒而将门窗紧闭，不论何时产妇都要盖厚被的做法，即使现在也没有完全杜绝。这是十分危险的，尤其是在夏季，极易造成产妇中暑甚至死亡。

不管是在哪个季节，产妇所在的居室都应该经常通风。室内温度不可太高，也不可忽高忽低。为避免直接吹风，居室通风时，产妇可以换到另一个房间休息；夏季开风扇时，可以让风扇对着墙壁吹；开空调冷气时，不要将风口对着产妇，可安装挡风板或挡风帘，并将室温设定在 25~28 ℃。另外，若产妇的衣服汗湿了，一定要马上换上干爽的衣服；冬天时在床边准备外套或睡袍，半夜起来喂奶要立刻穿上，这样才不会受风寒。

产后膳食很重要

产后母亲身体虚弱，需要进补，但是进补不等于大吃大喝、大鱼大肉。调理得当、合理膳食非常重要。主食要比怀孕晚期增加一些，多吃蛋白质和蔬菜。饮食搭配要均衡，切勿太油腻，否则宝宝会得脂肪泻，大便呈泡沫状。

少吃盐和调味料

因怀孕的各种因素而产生的水分，必须在妈妈分娩后慢慢排出。若是在坐月子期间，吃的食物太咸或含有酱油、醋等调味品，或是食用腌制食品等，都会使身体内的水分滞留，不易排出。因此，产后一周少吃盐和调味料，能达到"利水消肿"的目的。切不要为了消肿，完全不吃盐。因为产妇在这段时间容易流汗，而电解质的补充还是需要盐。此外，产妇的胃口已经很不好了，完全不吃盐也不太可能。所以，坐月子时，盐还是可以吃，但一定要比平时少一些。

关于果蔬进食

产妇分娩后代谢旺盛，出汗量和尿量增多，若不能及时补充水果、蔬菜，易引起便秘。但产妇胃肠功能较虚弱，建议水果可以从少到多逐渐增加。偏寒性的果蔬最好避免，特别是分娩后 7~10 天内的产妇。在夏季坐月子时，可吃适量的消暑食物，如西红柿、西瓜，不用盲目忌口，以避免产褥期中暑。

小贴士　产妇应避免食用的食品

刺激性饮料，如浓茶、咖啡，会影响睡眠及肠胃功能，亦对新生儿不利。

酸涩收敛食品，如乌梅、山楂、柠檬、橘、柑等，以免阻滞血行，不利于恶露排出。

麦乳精，以麦芽为原料生产，含有麦芽糖和麦芽酚，而麦芽对回奶十分有效，会影响乳汁的分泌。

实际上，妈妈们除了要注重第一个月的营养外，在整个哺乳期都应该科学合理地膳食，持续均衡地摄取各种营养，这样才能为宝宝提供营养充分的高质量母乳。

产后运动适可而止

一般来说，产后 14 天就可以开始进行简单的腹肌收缩、仰卧起坐等运动，但要视情况而定，不能勉强，不能过于剧烈。喜欢有氧舞蹈的妈妈，则要等上 6 周才可以重新开始。总之，产后运动要持之以恒，循序渐进。另外，以下运动你可以试试。

盆底肌肉收缩运动

可以想象你在小便时需要中途突然停止，这时候所用到的肌肉就是我们要训练的盆底肌肉。缩紧这个部位，紧一些，再紧一些。请保持紧缩状态约 5 秒钟，然后放松。接着重复上述动作。可以每一次缩紧的程度不同，快慢不同。从现在起，坚持每天做这种训练，让它成为你生活中的一部分。在上洗手间时、喝水时、等地铁时，或者是在眺望窗外的时候，你都可以做，最好每天坚持 10 次左右。

腹部紧缩运动

缓慢地吸入空气，数 5 声，让你的腹部渐渐地向外扩张，想象肚子里吹起一个大大的气球。然后慢慢地呼出空气，让气球变小，让你的腹部又朝着脊柱的方向紧缩。重复该动作10次。

头部运动

平躺在地上，双臂放在身体的两侧，两膝弯曲，两脚平放在地上。吸气，轻轻地抬起头，然后吐气，把头放回原地。重复该动作10次。

腿部运动

采用跟头部运动相同的姿势，将你的右脚滑向臀部，然后慢慢地抬起右膝朝胸部靠拢，再将脚滑回原处。然后，换左腿重复该动作。每一条腿做5次。

漫步

除上面的运动外，短时的、轻松的漫步也是不错的选择。如果你的身体能够胜任，可以试一下短时的漫步，开始时大约走20分钟，别忘了用抱带或婴儿车带着你的宝宝。

2. 心理调适不可少

宝宝出生的前几周是新手父母最脆弱的时候，不确定自己是否可以当好父母，不知道宝宝是否可以平安长大。原本是世间最快乐、最幸福的事情，可是在有些父母心中却完全提不起劲，他们甚至像跌入黑洞中无法自拔。有些妈妈会从偶尔的情绪低落演变成经常性焦虑，对世界充满失落感甚至敌意，对任何事情都没有兴趣，严重者甚至出现自残轻生、伤害孩子的想法和行为。

为什么会突然心情低落

怀孕的时候，妈妈体内的黄体酮、雌激素较高。宝宝出生之后，这些激素水平开始下降，而妈妈的身体还很难适应，因此在情绪上会有明显的表现。

除了激素作怪之外，妈妈自身及生活因素也会引起情绪低落。生产的过程不可避免地给妈妈带来伤口，但为了照料宝宝，妈妈的身心不能得到很好的休息，性情很容易暴躁；角色的突然转变，以前自己还是父母眼中长不大的小孩，突然之间成了父母，凡事都以孩子为主，没了自由，没了自己，一时无法适应；在育儿过程及生活中矛盾重重，家庭关系日益紧张；职场妈妈和家庭生活进退两难，全职妈妈要面对被外界隔离、与社会脱节等问题。这些都在不断叠加妈妈们心中的负面情绪。

孕期抑郁、自卑、低社会经济地位、养育压力、糟糕的婚姻状况、意外怀孕、奶粉喂养、抽烟等这些因素，也会增加产后抑郁的可能。

走出情绪低谷期

家庭成员的支持

良好的家庭氛围使新手妈妈感到不孤独，每个家庭成员都在支持、鼓励她，让她感受到温暖。家庭成员除在生活上关心体贴妈妈外，还要主动与她交流，倾听她的想法和感受，及时调整她的一些不良心态，消除她心里的烦闷，帮助妈妈从心理上树立信心，以尽快适应母亲的角色。产后妈妈的情绪最不稳定，很容易被激怒，尤其是敏感的话题，如身材恢复、婴儿的性别及经济问题等，这些都应该尽量避免谈论。家人要给予妈妈尽可能多的关心和帮助，让她觉得自己和宝宝在家人心目中占有同样重要的地位。

充足的睡眠和休息

由于分娩的疲劳、会阴切口或剖宫产术后伤口的疼痛、子宫收缩痛等，妈妈需要充足的睡眠和休息，过度的劳累会直接影响情绪。妈妈要尽量和家人一起创造安静、舒适的环境，减少不必要的探视；在宝宝睡觉的时候抓紧时间好好休息，保持充足的睡眠；尽可能获得家人的帮助，不必事事动手，亲力亲为。

主动学习育儿知识

新手妈妈可以看一些产褥期保健及育儿方面的书籍，主动学习有关新生儿身心发育的特点，了解新生儿常见的问题和疾病，如新生儿黄疸、溢乳、假月经等，学会护理新生儿的一般知识和技能。这样，在帮助照料新生儿时，新手妈妈可以做到心中有数，碰到问题也不会慌乱，这有助于妈妈树立起育儿的信心，减轻压力，顺利地进行角色转换。

自我放松，主动求助

适当改变固有的生活模式，每天给自己一点时间来放松，避免心理、情绪透支，多给自己一些体贴和关爱，让自己变得更好。

当心情低落时，承认自己的消极情绪，正视自己的问题，不要试图隐藏自己的想法，给自己一定的时间接受自己在短时间内还会保持这种状态的事实。你需要知道你目前所经历的是产妇中普通的现象，主动寻求和接受别人的帮助是一种很有效的自我保护方式。试着谈论自己的感受，如果症状严重无法缓解，一定要及时寻求专业人士的帮助，并不要为此感到有任何负担，就像感冒发热要吃药治疗一样。

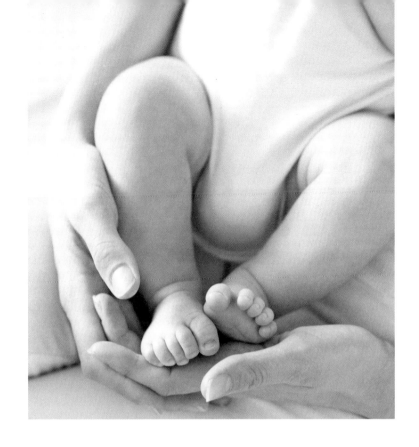

夫妻携手渡难关：夫妻关系的平衡

很多时候，我们觉得照料尚在襁褓中的宝宝是女人的事，如妈妈、外婆和奶奶。可我们不要忘记，这个小家庭的主要成员实际上是妈妈、爸爸和孩子。爸爸能够给妈妈提供的最大的帮助，就是给予妈妈足够的理解和支持，让她可以安心地、全身心地投入到母婴关系的世界中去，和宝宝建立牢固的依恋关系。

告诉她"你很美"
爸爸可以鼓励妻子谈论那些能使她放松、开心的话题，尽量给

她更多的关怀和疼爱，给她"我很在意你"这样的信息。经常对她说你爱她，以增强她的自尊——她可能不喜欢她生育后的体形，感到自己失去了魅力——告诉她，在你眼里，她很美丽。如果她喜欢，鼓励别人来家里探望；如果她不喜欢，尽量维护她的隐私。

帮她做好沟通的桥梁

爸爸需要居中调和老人和妻子的关系，让妻子能够在养育自己的孩子这件事情上有足够的自由度和控制感，让她有更多的时间和宝宝待在一起。爸爸无法去改变自己的父母，但是却可以明确小家庭的边界，可以去做沟通的桥梁，可以安抚自己的妈妈以及妻子，可以给予她们所需要的理解和空间。

体谅他的不易

除了妈妈会面对产后心情低落的可能，要知道多数爸爸在孩子出生后也会经历责任和生活方式的突变。所以，如果妈妈情绪低落，尽量不要发泄在你的丈夫身上，要试着表达你的感受，而不是责备和争吵。如果你需要拥抱，就直接告诉你的丈夫——记住，他看不出你的心思，请直接告诉他。

在婴儿刚出生的日子，当"产后抑郁"较为普遍的时候，夫妻双方需要同心协力，互相帮助。不妨把孩子出生后的前几个月看作考验你们两人的巨变时期，一旦渡过了这个难关，你们的夫妻关系将比以前更加牢固。

3 孩子的挑战：家有新生儿

涉足人世之后的第一个月，即新生儿期，是宝宝从胎内生活转变为胎外生活的阶段。在这段时间里，宝宝生活中的主要问题是生理上能否适应新环境。与此同时，家庭其他成员也在开始适应新生儿正常但特别的变化。

问题不断：面对新生儿的小挑战

虽然看到宝宝在成长，但是有时候父母还是会感到焦虑：宝宝出生一周了，体重怎么还减轻了？宝宝的脸怎么这么黄？他的粪便正常吗？……首先要确定的是，作为新手父母，这些忧虑都是正常的。随着宝宝的长大，这些问题就会慢慢消失。当这些瑕疵消失时，你的宝宝就会一天天漂亮起来。

头骨变化

自然分娩的胎儿为了顺利分娩，在通过产道时，尚未完全咬合或未固定的头骨会被挤压得更加紧凑一些，会暂时改变头的形状。

所以，在最初的几天，宝宝的头看起来有点尖，像个圆锥体。一般情况下，新生儿的头会在一周左右恢复正常。

皮肤斑点

所有新生儿都会有皮肤表层脱落的现象，有时呈屑状，有时是一大片。有些宝宝还会在颈部、脸上出现一块块清晰可见的红晕，其实这不过是一种微血管的扩张现象而已；有的新生儿还会在鼻上、额头或两颊出现极小的白色斑点，这也只是由母体激素所引起的一种粉刺。这些迹象绝大部分是不要紧的。还有一些出现在背上或屁股上的青斑，那是聚集黑色素而形成的，在幼儿期内会逐渐消失。

乳房肿胀

快出生时，不论男女，胎儿的乳房都会有轻微的肿胀，甚至有的出生后第三天或第四天会出现少许的分泌物，即所谓的新生儿乳。这是因为受到母亲雌激素的影响。为了避免患处严重发炎，绝对禁止去挤压它。几个星期后，这种无害的肿胀情形便会自动消退。

生殖器官变化

男宝宝出生以后，睾丸大部分已经位于阴囊中了，最迟也应该在12个月之内移落到阴囊。阴囊最初看起来很松弛而且相当大。至于女孩子，有些刚出生后几天阴部有少量流血的现象，这也是受母体雌激素的影响。

黄疸

新生儿黄疸是一种生理现象，也可能是多种疾病的主要表现。首先要区分是生理性黄疸还是病理性黄疸。生理性黄疸一般在宝宝出生2~3天内出现，4~7天达到高峰，两周左右消退，不会伴有其他症状，所以常把它称为暂时性黄疸。如果黄疸是宝宝在出生24小时内出现，程度较重，或者黄疸退了又出现且有所加重，持续时间超过两周，则属于病理性黄疸。宝宝出生后，医生都会测量宝宝的黄疸指数，便于筛查出病理性黄疸的宝宝。光疗是目前应用最多且安全有效的治疗黄疸的措施。除此之外，医生会建议你多给孩子哺乳，带孩子晒太阳。

排便

宝宝最开始的几次排便看上去像焦油，黏黏的，呈墨绿色。这是所谓的胎粪，是胎宝宝吞咽的羊水经肠道吸收后形成的。大多数婴儿在24小时之内会排出胎粪。如果你的宝宝在出生24小时之后仍没有排出胎粪，那就告诉看护医生；如果宝宝呕吐，或者腹部紧绷、鼓胀，应立即告诉医生。

小贴士　脐带护理

婴儿出生4天到2周左右，脐带脱落。在未脱落之前，新生儿的脐带护理十分重要，除保持局部的清洁干燥外，还要注意尿布不要盖在肚脐上；脐带脱落后，通常也会有少量渗液，可用医用棉签蘸取75%的酒精或者碘伏擦拭消毒，然后盖上消毒纱布或者护脐带。

家有大宝与二宝：如何平衡父母的关爱

二宝出生以后，全家喜气洋洋。但是在这愉快的氛围中，大宝的心里也许是七上八下，心乱如麻。二宝的到来对大宝来说，不仅是多了一个家庭成员，他更关心的是爸爸妈妈对他的爱是否会有变化，游戏玩乐时间是否会减少。

对于家里已有一宝的父母来说，身体恢复、心理调适已经得心应手。但是，除了要付出大量的时间和精力来照顾刚出生的小宝宝，他们还要帮助家里的大宝去适应新的角色，3 岁以内的大宝尤其需要他们的关注。即使父母事先做了充分的准备，但是仍会发现大宝突然变得特别黏人，开始无理取闹，似乎一夜之间退化成小宝宝的状态：要抱抱，尿床等。

在二宝来临之前，父母需要提前引导。在二宝已经到来后，父母需要做的就是以温和的方式逐渐让大宝进入状态，让他轻松、自信地接受二宝的到来。父母需要关注大宝的情绪变化，当他出现情绪波动时，可以陪伴他一起平复心情，然后引导他正确处理自己的情绪。当然，无论何时你都不要忘了告诉他："爸爸妈妈永远爱着你！"

培养大宝"大哥哥／大姐姐"的感觉

当迎来二宝的时候，你可以告诉大宝："你现在已经是哥哥／姐姐了。"哥哥／姐姐意味着什么呢？意味着可以当弟弟／妹妹的小老师，可以教他翻身、爬行、说话、走路、吃饭等本领；意味着以后

在家里多了一个和你一起玩耍的小伙伴……这些身份和生活的变化，会让大宝感受到自己在家中的地位和独特作用，有效地减轻他对二宝的抵触情绪。

同样的爱，不同的方式

对大宝来说，二宝的出现以及学会与二宝相处是他人生中的宝贵经历，而父母则是他的引导老师。你需要让大宝明白，他和二宝在爸爸妈妈眼里都是一样的，爸爸妈妈对他们的爱没有区别。但由于二宝还是一个婴儿，需要给他更多的时间和照顾。你可以与大宝商量沟通并分配好陪伴大宝和二宝的时间，同时也需要跟大宝订立相应的规矩。例如，妈妈在为二宝换尿布的时候，大宝要自己玩玩具；二宝哭的时候妈妈需要去抱他，大宝可以找爸爸玩；等等。规矩一旦制定，大宝就必须遵守和执行。

正确处理大宝的不当行为

如果大宝出现拍打、摇晃小宝，甚至将玩具扔在小宝身上的行为，这时你不要去训斥他，因为他并不是像你想象的那样是在欺负二宝。其实，在年龄还小的大宝眼里，小小的二宝跟洋娃娃一样是个玩具，他还不知道应该如何与他的弟弟／妹妹沟通、交流。他只会用他自己的方法与其互动，这些方式有可能就是在你眼里的"打"与"拍"。你可以告诉大宝正确的交流方式，并经常示范给大宝看。例如，要轻声与二宝说话，可以用手摸摸二宝的小手，等等。在大宝表现出该行为时，要记得给予及时的鼓励和赞赏。

发挥爸爸的重要作用

在大宝和二宝的"争夺战"中，爸爸的参与尤其重要。爸爸需要多花时间陪大宝，给予大宝生理和情绪上的支持，尽快和大宝建立更亲密的关系。比如，爸爸多和妈妈一起陪大宝出去玩，并且主动积极地带孩子玩；平常在家里，爸爸也可以多照顾大宝吃饭、洗漱、睡觉，给大宝讲故事。这样，当妈妈不能照顾大宝时，爸爸能及时顶上，而大宝也能迅速接受。

但是，有的孩子会黏着妈妈，一定要妈妈陪着玩。这时，爸爸要尽可能地顶上，即使孩子不愿意，爸爸也应多想办法使孩子接受，千万不要责怪孩子什么都要妈妈！而当爸爸参与大宝的日常照料时，妈妈要有退出、放手的意识，不要再像以前一样大包大揽，什么事情都自己来。即使刚开始爸爸带得不好，也不要着急，给爸爸一点时间，相信爸爸会做好的。千万别一边什么都自己做，一边又抱怨爸爸不能帮忙——任何超级奶爸都是要给机会和时间才能练成的。

给大宝的爱永远不嫌多

无论如何，请给了大宝足够的关爱和宽容。尽管二宝出生之前，大宝会有各种想象，但等二宝真的出生了，现实与想象还是完全不一样。产后一个月，不仅是妈妈的恢复期，也是大宝重要的适应过渡期。这段时间，一来家里所有人的关注点都集中在二宝身上，二来妈妈需卧床休息，所以大宝的情绪反应最激烈。在月子里，小宝宝基本上是吃了睡、睡了吃。所以，除了喂奶，其余事情都可以交给家人，妈妈要尽可能多地腾出时间来陪大宝，回应大宝的依赖，让他感觉到妈妈并没有因为二宝的来临而忽视他的存在。

回顾与思考

1. 科学的产后恢复需要注意什么？
2. 妈妈产后的不良情绪该如何调整？
3. 新生儿到来后，夫妻之间如何平衡关系？
4. 家有两宝，如何协调大宝与新生宝宝的关系？

7

第 七 章

母乳喂养

——给孩子 37℃的爱

1. 理性喂养，母乳优先

所有健康正常的哺乳动物在幼崽出生之后都会自动喂奶，喂奶在动物世界里是再正常不过的事情。但在人类社会，我们却经常看到母亲不肯给自己的孩子哺乳这样的怪现象。这些妈妈宁愿把自己孩子的健康成长寄托在不知名的乳牛身上，用它们产的奶喂养孩子。可是，妈妈，你怎么知道那头你根本不认识的牛所产的奶就适合你的孩子呢？你怎么知道这些奶都经过了什么样的加工手段、受到了什么样的污染？尤其是，母乳的营养成分是随着宝宝的需要自动调整的，最优化地保障宝宝的健康，那头你不认识的牛做得到这一点吗？

母乳不止于营养

母乳对婴儿来说是最完美且天然的食物，可提供婴儿出生后6个月内的最佳营养，同时也可预防疾病，提升智力甚至促进健康，是其他食物无法比拟的。目前，母乳喂养已列为改善儿童生存环境的四大措施之一。如果能够亲自哺喂宝宝，你应该感到高兴和骄傲。

母乳的营养价值

母乳中含有宝宝所需要的全部营养成分，如蛋白质、脂肪、糖、矿物质以及多种维生素，是宝宝最理想的食品，并且母乳的成分也在逐日调整以满足宝宝新的需求。

在出生头几天，宝宝喝到的是极其珍贵的初乳。它含脂肪少，含蛋白质多，易被新生儿吸收。慢慢地，差不多两周左右，母乳的浓度逐渐发生变化，不再像初乳那般浓稠，取而代之的是清澈、富含脂肪和胆固醇的母乳，而宝宝需要这些营养物质来满足大脑、神经组织及细胞薄膜的正常发育。不管配方奶如何模仿母乳成分，它永远无法做到日益变化来满足宝宝的特别需求。

母乳含有免疫抗体

母乳可以保护婴儿不易患病。母乳中含有免疫物质，可以杀菌、去毒并消灭使宝宝患病的其他病菌。母乳还可以使宝宝免患脓毒性咽喉炎、破伤风、麻疹以及水痘，也可增强宝宝抵抗多种过敏源的能力。只有母乳才会携带、产生有针对性的抗体，而这些是配方奶粉无法比拟的。

母乳喂养方便容易

只要你坚持母乳喂养，宝宝随时都有饭吃。你既不需要担心它的温度是否烫嘴或者过凉，也不需要在宝宝饿得哇哇叫的时候匆匆忙忙地去消毒奶瓶，调试温度。尤其是无论你带着宝宝去哪里散步，你都不会也不可能忘记给宝宝带食物。当他饿了，你只需要敞开怀抱。

母乳喂养使妈妈青春焕发

母乳喂养能让妈妈更深入地理解和接受她在家庭中所扮演的特殊角色的责任和回报。令人惊喜的是，母乳喂养可以使妈妈青春焕发。喂奶可以帮助妈妈尽快地从怀孕和生产时的臃肿状态恢复到原来的身材，也可消耗孕期为产奶而积存的过多的脂肪，还可刺激激素的分泌，加快子宫的收缩。母乳喂养还可以降低晚年患乳腺癌的风险。

母乳喂养开启良好的亲子关系

最重要的是，母乳喂养的意义远远大于营养补充的作用。母乳喂养，给宝宝带来众多至关重要的生理和心理优势，是开启良好母子关系的理想方式。它不仅使得母子肌肤亲密接触，而且增加了母子之间的亲密关系。哺乳时这种亲密接触会给妈妈和宝宝带来极大的喜悦和满足。当看到宝宝需要依赖你的身体得到营养而成长发育时，你会欣喜激动。哺乳期间，爸爸的爱心帮助和支持能使妈妈专注于宝宝的母乳喂养，进而巩固夫妻关系、家庭关系。

母乳不足有办法

正确判断母乳是否充足

在月子里，当抱起宝宝喂奶的时候，可能会有人盯着宝宝的嘴巴看，说他吃奶没有咕噜咕噜的声音；或者在没征得你允许的情况下戳一戳你的乳房，说它们太小；或者看看你挤奶的情况，说你的奶水飙得不够远；或者将宝宝的体重不增长完全怪罪于你的奶水不好。她们对你喂奶的种种都要评头论足一番，最后得出结论：你的奶水不足。这些人，可能是你的婆婆、妈妈、远方亲戚，也可能是你的闺蜜、月嫂、催乳师……她们都是关心你的人，却做着打击你的事儿。再加上新手妈妈本来就没有经验，更加无助，更加没有主见，只好默认自己奶水少，不得不接受用奶粉奶娃。

此外，新生儿特有的生理现象和生长习性也常让妈妈误以为是自己母乳不足。比如，喂完奶后宝宝还是到处找奶吃，碰碰脸蛋，嘴就马上跟过来。其实，这是新生儿的觅食反射，持续三四个月才会消退。如果以此来判断宝宝吃没吃饱，是不科学的，因为不管吃没吃饱，宝宝都会反射性地张嘴找奶吃。

其实，判断母乳是否充足主要是看宝宝的反应。一看宝宝的满足感，宝宝一般吃饱了就会自行停止。二看吃奶时间，宝宝平均每吸吮 2~3 次就可以咽下一大口，如此持续吃奶约 15 分钟，一般就吃饱了。三看吃奶次数。新生宝宝的吃奶次数频繁，通常 1.5~3 小时一次，平均每天吃 8~12 次。四看宝宝的大小便，具体次数不能一概而论。新生儿出生后 24 小时内至少有 1 次小便，大约一周后每天有 6 次以上。纯母乳喂养的宝宝大便一般呈现金黄色，至少每天 3 次。五看体重增长。宝宝一般第一个月会增重 720~750 克，第二个月会增重 600 克左右，半岁以前，平均每个月至少增重 500 克。

促进乳汁分泌

哺乳的四大要素是：妈妈的乳房、体内的激素、大脑的调节、宝宝的嘴。妈妈抱着宝宝，宝宝吸吮乳头。这种吸吮刺激加上妈妈对宝宝的视觉、触觉、听觉等刺激，一起传导到妈妈的下丘脑，下丘脑发出指令，让脑垂体分泌催产素和泌乳素，引发喷乳反射。这个过程应该是愉悦而自然的，放松的心情对产奶当然有好处。如果妈妈心情不好，抑郁、焦虑、烦躁，这些激素的调节就会出现微妙的变化，影响泌乳。

母乳充足的关键在于宝宝正确有力地吸吮。宝宝早吸吮，多吸吮，妈妈保持好心情，注意休息和喂奶方式，多喝汤水，都会促进乳汁分泌。不管如何，如果你在坚持母乳喂养的路上，遭遇各种质疑，请学会相信自己，相信孩子，学会收集正确的方法，坚信做母亲那份可贵的直觉。

小贴士　学会判断正确的衔乳姿势

没有正确的衔乳，就没有舒适的哺乳，甚至连母乳充足都难保证。如果用一句话表达，那就是：妈妈能感觉到宝宝吸吮有力，但不觉得疼。

看身体

宝宝的头和身体呈一条直线。不管妈妈采用哪种哺乳姿势，宝宝的胸腹都能接触到妈妈的身体，脸部始终面对乳房。宝宝的整个身体尽可能地靠近妈妈。

看乳晕

宝宝不光含住妈妈的乳头，也应当含住大部分乳晕。下嘴唇包住的乳晕，比上嘴唇包住的乳晕多一些。

看嘴巴

宝宝的嘴巴张得够大，小嘴被乳房填满。有时候，宝宝的舌头伸出垫在乳房和下牙床之间。下嘴唇外翻，下巴紧贴乳房。鼻尖与妈妈的乳房之间自然就有一定的空隙，方便呼吸，不用特意按压鼻子面前的乳房。

看吞咽

妈妈能看到甚至听到宝宝吞咽。宝宝吞咽的时候，喉咙的运动明显，而且整个脸颊都在动。有时能听到吞咽声，虽然不一定能经常听到。如果完全没有看到或听到过吞咽，就要仔细检查前面三个"看"了，以免姿势不当导致宝宝吃不到足够的奶。

理性喂养

虽然母乳喂养很可贵，但妈妈们也不必被母乳喂养所束缚，甚至当母乳喂养威胁到自己的身体健康时也要忍耐，比如当乳头破损已经非常严重时、高热不退时。母乳喂养也不应该成为禁锢自己的理由，交友、工作都不应该因此受到太大影响。要切记，妈妈首先要成为自己，其次才是一个妈妈。

很多产妇因为种种原因不得不采用人工喂养，对此自责不已。实际上，无论是母乳喂养还是人工喂养，只要父母充满爱，把宝宝拥在怀里，看着他、给他唱歌、跟他说话、冲他微笑，你便可以尽情地陶醉在初为父母的喜悦之中，建立与宝宝独有的爱的纽带。

2. 乳腺炎没那么可怕

哺乳是世界上最幸福的事情，它就像脐带一样继续维持着母婴之间的关系。小宝贝躺在怀里吧嗒吧嗒地吸着奶，咕噜咕噜地吞咽着，吃完后满足地冲着你微笑，咿咿呀呀地向你表达他内心的愉悦。这时你会幸福满溢，内心万分坚定地继续母乳喂养之路。

但是当你不小心患上乳腺炎，并且没有用科学的方法及时治愈时，你恐怕再也没有这样的心情了。当每一次哺乳和锥心的刺痛联系在一起形成条件反射后，宝宝一哭闹着要吃奶，你内心充满的只是惧怕和恐慌。乳房肿胀如石头，乳头刺痛如针扎，一边是嗷嗷待哺的宝宝，一边是挤也挤不出的乳汁，那种感觉就犹如在漫无边际的黑暗中充满绝望，那时特别希望有一种方式或者一个人来帮助自己解决当下的问题。

一不小心患上乳腺炎

得了乳腺炎时，乳房皮肤的颜色正常或微红，或微热；乳房的某一部分，通常是外上或内上部分突发肿硬胀痛，边界不清，多有明显的压痛；伴随着38.5℃或以上体温，像得了流感一样，全身酸痛无力、食欲不振、打寒战等。若有乳头皲裂，哺乳时会感觉乳头像针扎一样疼痛，乳头表面可见一两个小脓点或很小的裂口。

从乳房乳腺管堵塞、肿胀，到非感染性乳腺炎，再到感染性乳腺炎，以及乳房脓肿，这常常是一个连续的过程。乳腺管堵塞后是不是会进展到乳房脓肿，跟很多因素相关，例如，是不是遵医嘱用足了抗生素的疗程，是不是有暴力按揉导致乳腺管损伤等。需要特别注意的是，类似感冒的症状会让很多妈妈在乳腺炎初期误以为自己感冒了，从而错过较好的治疗时机。

为何乳腺炎找上门

一般情况下，引起乳腺炎的原因大致可分为两种：一种是乳汁的淤积，另一种是乳头破损导致的细菌侵入。乳汁淤积通常是乳腺炎的起始因素，是乳腺管被堵住后，乳腺管里面的乳汁没有办法顺利地移除，从而形成奶结、硬块。

产后初期的乳腺管"堵车"多是急于催奶引起的。有些妈妈在开奶时不顺利，家人急忙炖鱼汤、猪蹄汤给妈妈催奶，生怕饿着了小宝宝。其实，这种做法并不一定合适。首先要分清究竟是奶汁分泌量少的真性乳少，还是奶汁淤积、乳管不通造成的假性乳少。如果在假性乳少的情况下进补催奶的食物，只能起到反作用，极易导致急性乳腺炎的发生。医生一般建议在产后3天开始进补催奶食物，即使开始进补也得注意把汤水表面的油脂撇去。

随着宝宝的成长，他对奶水的需求量越来越大，频繁的吮吸刺激会带来更多的乳汁。妈妈们这时也基本"逃离"了坐月子的"禁锢"，开始出门会友，忙于工作，或者因为白天带娃辛苦，晚上睡觉太沉，导致突然减少哺乳次数，增长哺乳间隔时间，造成乳汁淤积。

除此之外，宝宝吸吮力弱或者不协调，多次用手排空乳房或者过度使用吸奶器，侧睡、趴睡、胸罩太紧、外力冲击等对乳房的压迫，甚至是心理上的压抑、紧张，等等，都可能造成乳汁淤积而引起乳腺炎。

赶走乳腺炎

正确地处理乳腺炎十分重要，很多难治性、复发性乳腺炎，就与非专业人士的大力按揉导致乳腺管损伤有较大的关系。有效的乳汁移除、支持措施和正确的药物管理才是应对乳腺炎的核心措施。

有效的乳汁移除

由于乳腺炎通常是由乳汁淤积引发的，因此消除乳腺炎最重要的措施就是频繁而有效地进行乳汁移除。妈妈应该更多地哺乳，并从出现问题的那边乳房开始喂养。如果因为疼痛，乳汁流速不理想，或者不出奶阵，可以先从好的那边乳房开始喂，等到喷乳反射出现的时候马上转换至淤积的那一侧哺乳。在哺乳的同时，将食用油或者润滑油涂在手指上，顺着乳腺管的方向，用手从堵塞区域移动至乳头处按摩，可以帮助乳汁移除。如果只是暂时出现硬块，就让宝宝的下巴对着硬块的地方吃奶，看看是否有所改善。

哺乳之后，可以考虑用手挤奶或者用吸奶器吸奶，增大乳汁的排出，加速解决问题。但这个方法不见得对每一个妈妈都有较好的效果，吸奶器的效果通常可能会弱于宝宝的吸吮。要知道，宝宝的小嘴才是最好的吸奶器，任何外界的措施其实都是在模仿宝宝的吸吮动作来帮助排乳。

支持措施

如果乳房肿胀不是很严重，哺乳之前可以对乳房温敷。水的温度不能超过 50℃。也就是说，我们洗澡用什么温度的水舒服，温敷时也用什么温度的水。温敷的重要作用不是为了排奶，而是帮助乳汁流动，促进泌乳。

如果乳房肿胀严重，就要用冷敷来减轻疼痛和水肿，因为热敷会刺激乳腺组织产奶，相当于马路上堵的车越来越多。卷心菜、冷毛巾、土豆片、退热贴等都是很好的冷敷材料。找一颗绿色的卷心菜，剥下一片叶子，用水冲洗干净，再用擀面杖擀到整个菜叶都软塌塌的，变得晶莹透亮。如果没有擀面杖，也可以用瓶子、杯子替代。然后将菜叶敷在乳房肿胀的部位，一定要避开乳头。如果你正处于生理性乳涨期间，使用整片菜叶冷敷时，需要在乳头的部位挖一个洞。如果你的乳房在需要冷敷的部位出现疹子、破皮、水泡，就不能再使用冷敷了，如果一定要敷的话，也要避开这些地方。

另外，由于妈妈们需要经常挤奶、按摩，会比平常消耗更多的时间和精力，这时需要家人给予支持，保证足够的休息时间和清淡营养的饮食。

正确的药物管理

妈妈们在乳腺管被堵塞或者乳腺炎疼痛难忍时，习惯于寻求通乳师或者其他按摩手段，但是从循证医学的角度来说，服用哺乳期安全药物，是最为有效且副作用小的方式。止痛药可以有助于喷乳反射，鼓励妈妈在有需要时服用。

如果乳腺炎的症状轻微并且出现不超过 24 小时，有效的乳汁移

除和支持措施就足够了。但是如果乳腺炎在 12~24 小时内没有改善或者症状加重，应该开始使用抗生素。对于抗生素的使用，需要谨遵医嘱，用足疗程，避免乳腺炎复发。在使用抗生素并持续哺乳时，可能出现宝宝大便偏稀、母婴念珠菌感染的问题。这些需要妈妈提前做好预防，并且尽量在用药四五个小时之后再哺乳，中间多喝水、多排尿。

如何远离乳腺炎

预防乳汁淤积

产后尽早哺乳，哺乳前温敷乳房以促进乳汁通畅。每次哺乳让宝宝将乳汁吸空，如果有淤积，可用吸奶器或科学按摩手法帮助乳汁排出。如果奶水过多，可以适当减少汤水的摄入。

保持清洁，预防乳头破裂

怀孕 6 个月后，每天用温热毛巾揉擦乳头、乳晕，使乳头、乳晕的韧性和对刺激的耐受性增强。如果乳头有先天性畸形，比如乳头凹陷、分裂等，在妊娠的早中期就要想办法进行纠正。

每次喂奶前后都要用温开水洗净乳头、乳晕，包括乳头上的硬痂，保持干燥清洁，防止皲裂。喂奶时要用正确的哺乳姿势，让宝宝含住乳头及大部分乳晕。哺乳后用胸罩将乳房托起，千万不要让宝宝养成含着乳头睡觉的习惯。

3. 有问题，我不怕

母乳喂养并不会一帆风顺，妈妈们不得不面对许多喂养问题。面对这些喂养问题，妈妈们首先要有信心，保持平和的情绪，然后采取适宜的方法，问题就可以迎刃而解了。

乳头混淆

乳头混淆，指新生儿因为吸吮母亲乳头之前先吸吮了奶瓶，或者频繁地使用奶瓶，而不会吸吮或不愿吸吮乳头的现象。吸吮乳头需要用舌头和下颚配合挤压乳晕位置，有节奏地挤压乳房，并进行吮吸，才能获得乳汁。而吮吸奶瓶时，压根不需要那么复杂，宝宝只需用力地吸奶嘴的前段，挤压奶嘴就能轻松地吃到奶。宝宝一旦学会了"偷懒"的技术，再吃母乳就不会那么卖力了，从而会抗拒母乳亲喂。

很多妈妈不得已持续母乳瓶喂，仅仅是由于没有掌握纠正乳头混淆的正确方法，让错误的方法和没有进展的绝望把自己和家人都拖垮了。

停止使用奶瓶

宝宝越小，使用奶瓶的时间越短，纠正乳头混淆的问题就越容易。纠正方法也没有更多选择，就是彻底停止使用奶瓶。在宝宝不饿的时候尝试亲喂，在宝宝饥饿的时候，用小勺或手指哺乳法喂养，或者用喂奶辅助器来辅助亲喂。总之，不要使用奶瓶。

很多妈妈舍不得看到宝宝烦躁哭泣，一旦宝宝哭闹起来就拿出奶瓶。这样做教给宝宝的是：必须哭闹才会得到奶瓶，而且只要坚持哭闹，坚持不吸吮乳头，妈妈就一定会给奶瓶的。所以，有妈妈说纠正了一个月甚至更久，大人、孩子都受尽煎熬，却始终不能成功，也就是这个原因。妈妈们要记住，如果不彻底停用奶瓶，时常在宝宝哭闹的时候拿出来用，那就是在人为地延长宝宝的乳头混淆，让宝宝受更多的折磨。

喂奶前刺激奶阵

乳头混淆的宝宝拒绝妈妈乳头的最主要原因是觉得这样吃奶没有吃奶瓶来得快，来得容易。所以，妈妈们可以在喂奶之前刺激出奶阵来，让宝宝一含上奶头就能大口地吃到母乳。

具体做法是，放松心情，想着宝宝吃奶的可爱样子，用洗净的手指轻轻捏住乳头左右转动，并不时触碰乳头的前端。当乳房有痒痒的感觉并变硬，乳头潮湿，奶水自动流出来或轻轻一捏就会有奶水喷出来时，就表明奶阵来了。

选择合适时机给母乳

有的妈妈认为，让宝宝饿着，宝宝最后就不得不吸乳头了。这种想法是错误的。饥饿的宝宝是不会有耐心来探索吸吮母亲乳头的技巧的。最好在宝宝不太饿、心情好的时候尝试给宝宝吸吮乳头，这样宝宝会更有耐心多尝试一会儿。妈妈可以先抱着宝宝玩，让宝宝接近胸部，然后自然地把乳头送到宝宝嘴边。不要突然让宝宝吸乳头，不要强迫，也不要过于频繁地尝试，否则只会让宝宝更讨厌吸吮乳头这件事。

帮宝宝学会等待

有的宝宝并不完全拒绝吸吮妈妈的乳头，也会用正确的衔乳和吸吮姿势来吃母乳，只是还不明白妈妈的乳汁是一个奶阵一个奶阵分泌的，不像奶瓶里的奶那样能一直大口地吃到没有。所以，当一个奶阵过去下一个奶阵还没到来的时候，宝宝不能耐心地一边吸吮一边等待，于是便吐出奶头大哭。这时，妈妈们有两种做法可以尝试。一是把宝宝抱起来哄逗，等情绪好转了再喂奶。二是用上喂奶辅助器，在两个奶阵之间缓慢地释放奶水，"挽留"宝宝继续吸吮，以便刺激出下一个奶阵。

拒绝奶瓶

由于母乳不足或者母亲长时间离开，需要使用奶瓶喂养，但是有的宝宝却拒绝吸吮奶瓶。妈妈们可以尝试间断奶瓶喂养的方法：每周1~2次采用奶瓶喂养。若母乳充足，就使用吸出来的乳汁，不用配方奶粉。开始尝试奶瓶喂养时，最好由妈妈抱着宝宝喂，在反差较小的条件下，使宝宝逐渐适应乳胶奶嘴。

全母乳喂养的妈妈在上班前，一定要提前用几周的时间，通过循序渐进的方式使宝宝接受奶瓶喂养母乳。

离乳

离乳，是所有哺乳妈妈共有的深刻经历之一。它从宝宝第一次接触母乳以外的食物开始，在最后一次哺乳结束。人们常常把离乳看作是一次性的事情，但最理想的状态应是一个过程。

刻板而突然的方式使离乳充满了不必要的痛苦和困难，还会引发严重的问题，包括给妈妈带来身体上的不适以及潜在的其他健康问题，还可能对宝宝造成情感创伤。

渐进式的离乳较为可取，因为妈妈有机会慢慢地以其他形式的关注和爱来填补离乳所造成的缺失。妈妈可以试着逐渐减少哺乳次数，比如每两三天减少一次。这样能让妈妈的奶量缓慢地减少，避免涨奶，同时也让妈妈有足够的时间来观察宝宝是否适应这样的变化，并给宝宝足够的关爱来替代哺乳时母婴之间的亲密接触。

小贴士

如果突然离乳不可避免时，妈妈们仍有办法让身体上的不适降到最轻的程度，比如，穿戴能提供支撑的结实胸罩（可能需要比平常穿戴的大一号）；减少盐分的摄取，但不限制液体的摄入；定时挤出一部分奶，以能够缓解不适为宜。妈妈们一定不要再采用紧紧勒住乳房这种过时的做法，因为这不仅会增加妈妈的不适，更会造成乳腺管的堵塞。

在离乳的过程中，虽然许多妈妈因害怕宝宝会坚持吃奶而和宝宝保持距离，但是无论如何请给宝宝足够的拥抱和关注，让宝宝确认自己仍然被爱着。哺乳的结束应该像哺乳的开始那样充满温馨与爱意。渐进式的、充盈着爱的离乳方式考虑到了母婴双方的感受和偏好，因此可以成为日后的一段美好回忆。

回顾与思考

1. 为什么要坚持母乳喂养？

2. 如何做到理性喂养？

3. 不小心得了乳腺炎该怎么办？

4. 宝宝出现乳头混淆时，你该怎么办？

5. 如何以一种合适的方式离乳？

第 八 章

好父母不是天生的

1. 重返职场，你准备好了吗?

在过去的几个月中，妈妈们一直都在为新生儿的护理以及自己产后身心的调适做准备，产假结束后，不得不考虑重回工作岗位。当妈妈们重返职场时，内心通常或多或少都带有愧疚感。做职业女性并不意味着你就不能成为一个好妈妈。如果每天陪伴在孩子左右不能让自己感到充实和满足，那么不应该强迫自己。对孩子来说，妈妈快乐和满足才是他健康成长所需要的。

身心状态的调整

很多妈妈在结束产假回到工作岗位后发现，原本熟悉的工作突然找不到以前游刃有余的感觉了。作息时间不适应，紧张的工作节奏不习惯，工作缺乏干劲，与同事沟通也没以前那么顺畅，新来的同事不认识，休完产假后自己俨然成了不知所措的职场"新人"。为了减轻甚至避免"老人"变"新人"，请妈妈们在重返职场前做好身心准备。

身体准备

调整自己和孩子的生物钟。请至少提前 2 周按上班的作息安排好孩子的生活，让孩子和帮你带孩子的大人都提前适应。比如，妈妈自己白天尽量少睡觉；调早孩子晚上的睡觉时间；睡前尽量让孩子喝饱母乳，并提前有意识地培养孩子较少的夜奶次数，让宝宝睡得更久些。

协调好喂养问题。合理安排哺乳时间，根据自己上班以后回家哺乳的情况，给宝宝一个适应过程。如果工作地点离家比较近，可以在上班前喂饱宝宝，午休时间回家喂奶 1~2 次，下班后再喂，加上夜间的喂奶，基本上可以满足宝宝的需要。如果工作地点离家远，那么需要事先将母乳吸出来储存好，请家人代喂，晚上回家再喂奶。另外，把母乳吸出来喂养的妈妈，最好在上班一个月前开始把多出来的母乳放到冰箱冷冻室储存，或者让宝宝习惯喝配方奶，以备上班后宝宝的不时之需。

心理准备

转换自我角色。新手妈妈要提前完成自我角色转换，安排好一切，让自己进入工作状态。告诉自己："我现在不是家庭主妇了，而是一个职业女性，宝宝是妈妈下班之后才要考虑的问题。"刚开始，新手妈妈不太容易能放得下宝宝，可能会考虑宝宝会不会不适应，看不到妈妈会不会难过，但事实证明宝宝会适应得很好。妈妈们要明白，爱不是时刻在一起，而是在一起的每一秒。试着把这样的分离当成宝宝成长的机会，因为他可以多接触其他的人，多尝试其他的食物。

提前融入职场。妈妈们可以通过多种渠道关注一下原先工作的最新动态，设法和同事联系、聊天，以使自己进入工作的角色中去。在临近上班的日子，可以去办公室熟悉一下环境，利用闲暇时间了解接下来的工作内容，学习过去几个月产假期间错过的信息和资料。这样，当你真正重新返回工作岗位上时，就不会感到突兀和不适了。另外，重返工作岗位之前别忘了练习怎样在工作环境下吸乳。请试着在家中模拟几次工作中吸乳的场景，以便确定上班时所有的吸乳工具都准备齐全。

此外，新手妈妈们需要时刻提醒自己：你不需要让自己每时每刻都成为女超人、完美的母亲、完美的妻子或职业女性，只要尽力就好。有些时候，你能为宝宝做的最好的一件事就是照顾好自己。

宝宝交给谁

在决定要孩子的时候，夫妻双方就应考虑孩子出生后由谁照看的问题。为了让自己心里踏实，你需要慎重选择看护人。

如果老人愿意带孩子，那是最好不过了。当我们放手把孩子交给老人时，我们需要尊重他们的教养方式，尤其是当他们的教育理念和教育方式与我们发生冲突时。如果老人有一些不当的行为，请注意对事不对人，有商量地巧妙化解。老人并没有带孩子的义务，所以，不管老人是否达到了你带孩子的标准，都应该对他们心存感激。另外，无论工作多繁忙，都要尽量抽出时间陪伴孩子，切不要让爷爷奶奶、外公外婆成为养育孩子的主角。

如果家里没有老人帮忙，自己的工作又忙得不可开交，请保姆便成了一种需要。保姆对幼儿成长的影响是很明显的，有时不是潜移默化，而是直接的教与学。幼儿处于模仿期，保姆的胸怀、处世原则、行事方法，甚至姿势、言谈和神态等都成为婴幼儿模仿的对象。选择保姆要考虑保姆的性格特点和某些专长、生活习惯、身心健康、文化素质、育儿经验等。无论保姆是否有过带孩子的经验，父母都要把自己的育儿理念及知识教给她。

小贴士

在妈妈上班前，就要让新的看护人参与孩子的养育，让孩子逐渐熟悉他们。爷爷奶奶、外公外婆或者保姆，要做好分工，并提前进入角色，比如，给孩子准备辅食，解冻母乳喂养孩子，了解孩子生活中的一些禁忌，处理突发状况等。这样，出现了问题也好及早调整。

难说再见

当真正开始工作时，妈妈和孩子都会经历分别的痛苦。为了避免分别时的痛苦，很多妈妈会选择偷偷离开，或者用哄骗的方式离开宝宝。虽然离别的那一刻看似平静、轻松，但是当宝宝发现妈妈并没有像说的那样马上出现时，那种失望和无助持续的时间会更久，也更强烈。

倒不如实实在在地面对这样的分别时刻，临别时抱着宝宝，温柔且愉快地告诉他，妈妈要去上班了，然后挥手告别。这些日复一日形成的简单分别模式，会让宝宝的世界变得比较有预测性，也比较容易处理。宝宝越习惯分别之后的重聚模式，就越能调整自己的步伐，熟悉分别的痛苦，同时也会增加安全感，确定妈妈一定会回来，而不是在妈妈身边还得时刻担心她会不会突然没有预兆地消失不见。

小贴士　你需要了解的妈妈工作法规

根据国务院通过的《女职工劳动保护特别规定》，法律对女职工有特殊的保护。例如，用人单位不得因女职工怀孕、生育、哺乳降低其工资、予以辞退、与其解除劳动或者聘用合同；用人单位应当遵守女职工禁忌从事的劳动范围的规定。

对哺乳未满1周岁婴儿的女职工，用人单位不得延长劳动时间或者安排夜班劳动。用人单位应当在每天的劳动时间内为哺乳期女职工安排1小时哺乳时间；女职工生育多胞胎的，每多哺乳1个婴儿每天增加1小时哺乳时间。

目前，新出的政策规定的产假比之前增加了，但各个省份的标准不同，大多为138~158天，并且明确了配偶的护理假，一般为15~30天。

2. 我们一起读

我们一起读，以书为媒，以阅读为纽带，父母和孩子共同分享多种形式的阅读过程。对于0—1岁的孩子，父母不必强求让孩子从书里获取什么知识，不在于让孩子学会什么本领，重要的是帮助孩子与图书建立正向的、积极的情感联结。

年龄不是问题，教养观念才是关键

很多父母疑惑，1岁以内的小屁孩连话都说不清楚，还可以阅读？他们坐得住吗？他们看得懂吗？美国图书馆协会提出，0岁就应该开始阅读启蒙。这时的启蒙，重点要放在培养孩子的阅读兴趣和加强亲子关系上。亲子共读的过程着眼于父母的陪伴，并不在于知识的获得、技能的学习甚至行为的矫正，而是通过这种丰富有趣的文化滋养，帮助孩子与图书建立积极的、正向的、喜悦的联结，培养亲子互动与沟通的良好习惯。

小贴士

咬书、翻页、拍打书等动作是这个时期的宝宝经常出现的行为，也是他们所获得的阅读乐趣之一。所以，面对宝宝的这些行为不必奇怪，不必生气，也无须制止，以免破坏宝宝对阅读的兴趣。

亲子共读的建议

阅读环境的准备

温馨舒适的环境，如床上、客厅的沙发、游戏垫上或者固定的书房，都是不错的选择，而温柔的灯光能帮助宝宝更快放松。选择宝宝情绪状态饱满或精神愉悦放松的时候来阅读，最好是固定的时间，如每天睡前或睡醒之后。更重要的是，要以宝宝的兴趣为转移，不强迫他，给宝宝创造一个舒适、宽松的阅读环境。

绘本的选择

为1岁以内的宝宝选择绘本，可遵循字少图大、背景简单、线条干净、颜色明快的原则。适合孩子啃咬和触摸的布书、翻翻书，书角和边缘圆滑的纸板书，互动性强的拉拉书、洞洞书等都是入门佳选。绘本的内容要尽量贴近宝宝的生活，可依据这个年龄阶段"可能发生的重要生活事件"如季节变化、重要节日等，和"可能发生的重要成长事件"如长牙、离乳、认生等来选择。

父母也应在共读的过程中注意观察，找出宝宝对哪些书感兴趣。

千万不要因为某些书比较知名，或自认为哪些类型的书对宝宝有益，而一味地强迫宝宝去阅读。如果宝宝缺乏兴趣，即使再好的书也没用，反而可能伤害宝宝的阅读热情。

阅读时间的把握

亲子共读，重在持之以恒。对大部分家庭来说，每天都阅读可能比较困难，可安排每周 3~4 次，贵在陪伴的质量。此外，1 岁以内的孩子注意力有限，可以每天多读几次，从每次读几分钟开始，慢慢延长阅读时间，避免让孩子觉得烦闷而产生抵触情绪。

重复阅读的必要性

重复是孩子学习的主要方式。每一本绘本都有被时常重新翻阅的价值。重复的语音语调、韵律、情节等都能帮助孩子积累经验，发展自信。宝宝可能在一段时间内对某一册绘本的某一个情节兴趣浓烈，也有可能会在 3 个月之后对之前完全没有兴趣的人物或画面突然产生强烈的反应。

阅读的形式

亲密的姿态能帮助父母和孩子更好地享受亲子共读的时光。父母可将宝宝环绕于胸前，将绘本置于宝宝的正前方，让宝宝在听读时能看到页面；也可坐在宝宝的侧前方，保证宝宝既能看到绘本，也能观察到共读者的表情与动作；或者采用宝宝喜欢的其他姿势。

为了增加对宝宝的吸引力，父母可采用高低起伏的语调，通过

模仿、想象、游戏、表演等方式，呈现书中动物、人物的声音或动作，根据故事情节或宝宝的反应调整阅读情绪。

不同阶段的亲子共读

0—3 个月宝宝

此时宝宝的视力尚未发育成熟，建议选择图像大、色彩简单、对比强烈以及有节律的、押韵文字的书籍，这有助于刺激宝宝的视觉、听觉发育。这个阶段，宝宝只是被动地收听，有可能在你声情并茂的时候，他根本就不理会。你大可不必过于在意他的反应而受到打击。这是这个阶段的特点，请以平常心对待。

4—6 个月宝宝

此时宝宝的活动力逐渐增强，可能热衷于撕书、咬书。建议在阅读的时候，可以选择专门为这么大的孩子设计的"撕不烂"的书，比如布书或塑胶书。现在市场上可选择的书的种类很多，不同材质的触摸书可进一步刺激宝宝的触觉发展，但选书时要注意材质的安全问题。

7—9 个月宝宝

这个阶段的宝宝已经开始积累认知，不妨选择以生活经验、常见物品为题材的书籍，一边进行阅读，一边让宝宝对周围的世界有更好的认识。对宝宝来说，书就是一种玩具，读书就是一种玩法。你给孩子的玩法越好，他就会越喜欢。同时，这个阶段的孩子很难坐得住，所以切莫拘泥于某种亲密形式，或坐着，或站着，或趴着，或怀里躺着，都可以。

10—12 个月宝宝

此时宝宝的大部分感官能力已经发育成熟，可以选购一些能让宝宝动手操作的书籍。这不仅能激起宝宝的阅读兴趣，还能满足宝宝的好奇心和探索欲。

3 给孩子一个安全的家

在刚出生的第一年里，无论孩子是刚刚会走还是满地乱爬，他都在以自己的方式积极地探索和观察身边的这个世界。他会用手触摸、抓握、摆弄、摇晃，用眼睛看，用鼻子闻，甚至用嘴巴去尝试。一切看起来幸福而又祥和，但是危险就在身边，触手可及。

家庭环境安全筛查

很多人认为家庭是最安全的，但家庭其实是最危险的。据国务院妇儿工委办公室统计，我国儿童受到的意外伤害中，60%~70% 就发生在我们认为最安全的家中。父母不要让宝宝离开自己的视线，同时还要经常对家庭环境进行安全筛查。

以孩子的视角排查危险

进行安全防护最好最全面的方法，是以孩子的视角，到他可能会去的地方看一看，摸一摸，试着像一个会爬行的宝宝那样去发现许多潜在的危险。那些可能会塞住宝宝气管的小东西，会戳伤宝宝的尖锐物品，会导致宝宝中毒的东西，请及时清理掉。除此之外，一切他能够碰到的东西都要使劲拉一拉，看它会不会移动或是翻倒。如果有这种可能，把它另放别处或干脆贮藏起来。

随时保持警觉

每当孩子新增了一种能力的时候，比如爬行、站立、学步和行走，都会给孩子带来碰到新危险的可能。无论你花费多长时间在家里四处寻找并消除潜在的危险，宝宝一动就会很快弄出新的危险。为了孩子的安全，要尽可能地注意他在干些什么，随时保持警觉。任何事情都比不过对宝宝的精心看护，一定不要让孩子消失在自己的视线里。虽然婴幼儿自身引起的事故比较多，但更多的是因为大人不注意。

做好孩子的安全教育

父母不但要充当宝宝的护卫天使，还要做宝宝的安全教育老师。宝宝虽然不会说话，但是能听懂许多东西。因此，你既要用行动也要用语言阻止宝宝的不安全行为。

尽量使用戏剧性的、夸张的语调，高声地把安全守则教给宝宝，同时再加点表演动作以加深印象。例如，做饭时，你可以假装要伸手去摸锅或炉灶，然后突然把手快速抽回并惊呼道："啊！烫！好烫。"在合适、安全的情况下，可以让孩子亲身体验什么是烫。比如，可以拿着孩子的小手快速地碰触一下奶瓶里刚倒的热水，并大声告诉他"烫，好烫"。

不要指望给宝宝上一堂安全常识课就能让他记住什么可以做，什么不可以做。每当你做饭或使用一些可能威胁宝宝安全的日常用品时，请不厌其烦地重复这些安全课程。如果你坚持不懈，不断重复这些安全常识，即使是 1 岁的宝宝也能学会躲避许多危险。记住：即使宝宝已经学会了这门功课，但是当被某些危险物品吸引的时候，他还是会把你的一切警告忘得一干二净。

细数家中威胁宝宝的小物件

电源插座

电源插座极其危险，因为它们的位置恰恰和爬行的宝宝的眼睛一样高，那细小的洞洞吸引着宝宝去探索。请确保任何不用的电源插座都盖起来，使用特殊的安全插座盒或插头可以阻止宝宝乱抠乱插。

电线

如果你不小心忘记收好电器电线，宝宝可能因为好奇而抓住电线，把桌子上的手机、吹风机、电风扇或电熨斗拽下来砸到或烫伤自己。更危险的是，你的宝宝可能会吸吮或用嘴巴咬裸露的电线，而这可能会导致电击、严重烧伤，甚至引起火灾。所以，为了避免这些危险事故发生，请将电线放到孩子够不到的地方，把它们藏到家具的后面或收起来，而那些必须露在外面的一定要用胶布或特殊的绝缘胶布安全地封好。

有毒的东西

家里有毒的东西不会明显摆在孩子够得到的地方，但有许多东西如家用清洁剂和某些不适合放在药柜里的药品，一般都放在橱柜的底层，孩子很容易拿到手里。如果这样的话，请装上儿童安全锁，确保孩子碰不到里面的东西。一旦你或你的家人忘记锁上橱柜，那些东西对孩子来说马上就变成可触到的毒药。

植物

在家里种植的一些植物，很多是有毒的。这些植物包括柳树、杜鹃花、月桂树、百合、西红柿的叶子、蝴蝶花、水仙花、风信子和金凤花。一定要把那些看起来"秀色可餐"的植物放在高架上或挂到高处。

意外伤害要防患于未然

宝宝所受到的意外伤害主要来自他们在生活中接触到的事物，也和宝宝的年龄特点有关。1岁以下儿童受到意外伤害的种类主要包括坠落、窒息、烫伤、异物伤害、交通伤害等。你一定要明白，"安全第一"绝不是一句口号，要想孩子远离意外伤害，你需要提前了解可能发生的意外伤害，切不可抱着侥幸心理，而忽视对安全隐患的消除。

谨防宝宝坠落

不要将宝宝单独放置在没有护栏保护的高处！很多父母低估了婴儿的活动能力，尤其是当宝宝学会了翻身、爬行时，他很容易从床上、桌子上坠落。因此，父母需要给宝宝提供专门的带护栏的婴儿床，或者在普通的床周围安装防护栏。在没有确认宝宝周围有防护措施前，不可以离开宝宝。

除此之外，家里的窗台、阳台也是宝宝坠落事件发生的危险地带。父母要保证宝宝无法通过床铺、桌子等爬向窗台，以免宝宝从窗台上坠落；要在窗户和阳台上安装结实的、缝隙相对小的防护栏。另外，在外出时，最好选择把宝宝放在手推车里乘坐厢式电梯，而不是抱着宝宝乘坐手扶电梯。

小贴士

孩子意外跌落后，若有红肿或瘀伤，要立即冰敷或冷敷，24小时内不可热敷；不要揉搓跌伤部位，避免进一步损伤；观察孩子的精神状态是否正常，有无呕吐，如有异常应及时就医。

谨防宝宝窒息

爸爸妈妈千万不要在抱着宝宝时睡觉！无论是夜间抱着宝宝酣然入睡，还是白天在给宝宝喂奶时的小憩，都很有可能造成宝宝的窒息。

当宝宝独自睡觉或者玩耍时，要保证在他的周围没有毛巾、衣服等物品，避免宝宝随意挥动手臂时将物品晃到自己的脸部，导致口鼻被盖住而窒息。宝宝单独睡觉时，也不要将被子盖过宝宝的肩膀，最好将被子盖到宝宝腋窝下面的位置。

对于刚刚学会翻身的宝宝，一定不要让他独处，因为此时的宝宝还不能很好地控制自己翻身，很容易把手臂压在身体底下，导致头部不能抬起而窒息。

谨防宝宝烫伤

婴幼儿时期宝宝的烫伤相对较少，但大部分都与父母的看护不当有关，因为通常婴幼儿自己是接触不到热源的。所以，父母在护理孩子时，一定要保持对危险因素的警惕，不要因为大意而让宝宝受到伤害。

给宝宝冲泡配方奶粉时，不应只摸奶瓶的表面，而应该倒几滴牛奶在自己的手腕上，感觉不烫才可以喂养宝宝；给宝宝淋浴前要先试一试水温，如果是盆浴，一定要先加凉水再加热水。一定要将开水放在宝宝触摸不到的地方！另外，当父母一只手抱着孩子，另一只手端着热水或热的食物时千万不能大意，孩子很可能在你毫无防范的情况下将其打翻，造成意外伤害。

小贴士　烫伤急救，父母可以这样做

迅速去除致伤原因，挪开致伤物品。

及时冷疗。用凉水冲洗患处（婴儿用温水），迅速降低患处的局部温度，阻止热力继续作用加深创面，并可减少渗出和水肿。

未粘着的衣物小心地脱下，不要撕扯，以减少皮肤损害。

用干净的布单或纱布包裹伤口并立即送医院，不要自行涂抹任何药膏，也不要挑破水疱，以免影响进一步治疗。

谨防宝宝吸食异物

0—1岁的宝宝喜欢用嘴巴去探索世界，任何可以拿在手里的东西都想放在嘴里尝尝。花生、瓜子等都是容易误吸的食物。1岁以内的宝宝最好不要吃坚果类食物，除了容易引起误吸之外，还可能引起过敏反应。在给宝宝准备辅食时，也要注意汤羹中的小骨头以及鱼刺。经常检查宝宝的玩具是否有细小的零件，以及零件是否牢固。如果玩具上的细小零件不够牢固，孩子在玩耍中很可能会误食口中。

小贴士

如果0—1岁宝宝不慎将小件玩具或果核等误吸入气管，出现呼吸急促、青紫等症状，请采取如下措施：大人坐在椅子上，宝宝俯卧在大人双腿上，上胸部和头部低垂，大人用一只手固定孩子，另一只手有节奏地拍击其两肩胛间的背部，使气道内的阻塞物脱离原位而咳出。必要的时候要进行人工呼吸或心外按摩。急救无效时，请立即送医。

如果异物被吞食进入食管，可多给宝宝吃些富含纤维素的食物，如韭菜、芹菜等。但如果宝宝出现了腹痛、发热、黑便甚至血便等症状，则有可能是消化道受到了损伤，这时必须马上去医院。

谨防宝宝受到交通伤害

乘坐汽车时，请为宝宝提供安全座椅！抱着宝宝乘坐汽车是十分危险的，尤其是抱着宝宝坐在副驾驶的位置，一旦汽车发生事故，安全气囊会对宝宝造成致命的伤害，安全带也可能缠绕住宝宝的颈部而发生窒息事故。另外，大人离开汽车时，一定要带上宝宝，千万不要因为暂时离开而将宝宝独自留在车里，更不能把宝宝遗忘在车里！

回顾与思考

1. 重返职场，你需要做好哪些准备？

2. 上班离家时，面对宝宝哭闹你该怎么办？

3. 你如何看待与0—1岁宝宝的亲子共读？

4. 怎样与0—1岁宝宝进行亲子共读？

5. 给宝宝一个安全的环境，你需要做些什么？

9

第 九 章

父母的角色是多元的

1. 变成孩子的家庭医生

天下父母最大的心愿就是希望自己的宝宝健健康康地成长，但是宝宝要从一棵幼苗成长为一棵参天大树，难免经历风雨。感冒、发热、拉肚子、咳嗽，是每个孩子成长必须经历的，大人不必太过紧张，否则会加剧孩子对疾病的恐惧。父母应该变成孩子的"家庭医生"，站在医生的角度上，尊重孩子疾病的发展规律，呵护孩子生病时的情绪，科学护理，帮助孩子渡过疾病的难关。

学会写生病日记

很多疾病都有 1~3 天的潜伏期。一般情况下，父母都是等到过了潜伏期，孩子病情已经比较明显了才会带他到医院就诊。孩子的有些症状，医生可以通过观察和检查发现，而有些症状，如果父母记不清或说不出来，医生就很难在短时间的就诊中发现。因此，养成为孩子记录生病日记的习惯，当医生问诊时就能将孩子在病情潜伏期的症状描述得较准确。医生判断的证据比较完整，孩子就会得到更合理的治疗。

那么，父母应该如何为孩子写生病日记呢？在记录时，要重点关注孩子的哪些症状？我们以鼻子的症状为例来具体说明。如果孩子的鼻子出现问题，父母一般应观察记录以下内容：

鼻涕的颜色。

孩子流鼻涕的时候是否有鼻子堵塞或者打喷嚏的症状。

鼻子堵塞的同时是否伴有咳嗽。

流鼻涕是否伴有发热。

孩子流鼻涕持续了多长时间。

学会和医生沟通

当孩子精神萎靡，病症严重，并影响到正常的生活时，请及时就医。

与医生沟通交流时，学会正确、有组织地叙述孩子的病史。结合孩子的生病日记从关键症状说起，告诉医生这些症状是何时开始的，是否越来越严重，伴随着哪些现象或其他症状，甚至出生情况、喂养情况等都可以告诉医生。如果存在一些不定时出现的症状，最好能拍照或录像给医生参考。比如，皮疹、腹泻时的粪便可以拍下来，孩子呼吸或咳嗽时发出的奇怪声音可以录下来。

当孩子感冒时，有些父母爱子心切，要求医生开抗生素或者进行胸部X线检查；有些父母却过度担心抗生素等药物的副作用，坚持让孩子硬撑，忍受病痛的折磨。如果你对某项检查或药物的使用有自己的想法，可以坦率地和医生讨论，但最终要尊重医生的专业决定。既然你选择带孩子看医生，就请相信医生，与医生充分沟通，积极配合医生治疗。如果实在对医生的诊断和治疗存在疑虑，应尽快带孩子看其他医生，以确诊孩子的病情，及早治疗。

了解医院和医生

在孩子出生前后，尽可能地了解居住地附近的儿童医院或医院的儿科，一旦孩子生病了，就能马上把孩子送到那里。了解医院和儿科医生最便捷的方法，就是向周围的朋友、同事请教，多问问他们带孩子去了哪些医院，看了哪些医生，治疗方式和效果怎样，看他们是否有推荐的好医院、好医生。自己带孩子看完医生后，会对医院和医生有更全面的判断，记得向你信任的医生索要联系方式，以便日后遇到问题时请教医生。另外，现在很多平台都有免费在线答疑的服务，父母可适时尝试，以减轻看到孩子生病时产生的焦虑。

保持平和的情绪

宝宝生病的时候，身体上的不舒服会让他看起来比平常更烦躁不安。尤其是宝宝太小，只能用无助的哭声来表达身体的不适。而刚做父母的我们看到宝宝生病时难受的样子，一方面束手无策，一方面又心疼不已，恨不得自己来承受这份病痛。

当宝宝生病时，父母首先应做到不焦虑。大人安心，宝宝也会跟着舒心。生病中的孩子会感到身体上的难受，但并不会恐惧。可当孩子看到大人焦虑时，会凭空增加对疾病的恐惧，而人在恐惧和紧张的状态下机体的免疫功能是受到抑制的，不利于疾病的康复。若宝宝生病期间表现得更黏人，父母就更需要去陪伴他。请不要吝啬你的爱，要知道父母高质量的陪伴，能给孩子更多的力量去战胜身体的小毛病。

其次，正确看待孩子的每一次生病。感冒、发热、咳嗽、拉肚子，这些或大或小的病痛，是每个孩子在成长过程中都必须经历的。有时候孩子"生病"并不是真正的生病，而是他发出的成长信号，是一次"打怪升级"的机会。比如，发热会出现在宝宝许多重要的生长阶段，包括出牙时、关节生长时、接种疫苗后、离乳时等。孩子在与疾病的一次次对抗中产生针对病原体的抗体，抗病能力也逐渐变强。

孩子比我们想象中的要坚强，脆弱的往往是父母。父母有什么样的信念，就会赋予孩子什么样的力量。作为父母，照顾好孩子的身体之前，需要修炼好自己的心。

2. 变成孩子的美食营养师

　　宝宝在 4 个月以后就开始慢慢接触除母乳之外的食物，一方面是满足生长发育的营养需求，另一方面是训练胃肠道功能、咀嚼功能等。一岁半以前，宝宝的主要营养来源依然是奶；一岁半以后，辅食概念取消，宝宝要以食物的营养为主，可以继续喝奶来进行辅助。在宝宝刚开始接受食物的这段时间里，父母可以带着他感受新的味觉世界。

辅食添加很重要

开始添加辅食的时间

　　开始添加辅食的时间应为宝宝满 4—6 个月间。世界卫生组织建议婴儿 6 个月后再添加辅食，因为小婴儿胃肠道发育还不成熟，过早添加辅食易引起胃肠道过敏反应。当然，每个孩子的发育是有差异的，只要孩子完全具备添加辅食的条件就可以添加，但最早不能早于 4 个月，最晚不能晚于 8 个月。即使母乳非常充足，宝宝满 6 个月后也请开始添加辅食。如果辅食添加太晚，一方面母乳已不能满足孩子对营养的需求，另一方面会让孩子错过一些运动能力最佳的发展时机，比如咀嚼能力。

小贴士

添加辅食之前，请杜绝任何"随便试一口"的行为：拿筷子尖蘸菜汤给孩子舔，掰一块馒头塞孩子嘴里，喂孩子一勺米汤，切一块水果给孩子舔一下，或榨果汁给孩子喝一口等。也就是说，在添加辅食前，除了奶以及必要时补充的水，请不要让孩子品尝任何其他东西。那些逗孩子这尝一口那舔一口的行为，纯粹只是让孩子的可爱模样惹得你哈哈大笑，没有任何意义。不要以孩子想吃为理由。孩子早期表现出来的所谓的对食物感兴趣，很多都是大人故意拿食物逗弄他而产生的条件反射。

添加辅食的时机

宝宝有以下的一些表现：对大人吃饭感兴趣；喂奶形成规律，喂奶间隔大约 3 小时；母乳喂养每天 8~10 次或人工喂养每天超过 1000 毫升仍然会哭闹；频繁出现咬奶头或咬奶嘴的现象；流口水多了；体重是出生时的 2 倍、低体重儿达到 6 千克，给足奶量体重仍不增加；少许帮助可以坐起来。那就表明宝宝已经符合添加辅食的条件了，可以抓准时机给他开始添加辅食。

辅食添加的原则

添加辅食应科学、严谨，而不是随意。遵循的原则应该是循序渐进，由一种到多种，由简单到复杂，由精细到粗糙。增加的指标是看孩子的接受情况，而不是父母的主观意愿。

宝宝最好的起始辅食应该是婴儿营养米粉。婴儿营养米粉中强化了钙、铁、锌等多种营养素，宝宝可以获得比较均衡的营养，而且肠胃负担也不会过重。米粉最好白天喂奶前添加，上午、下午各1次，按说明用奶或者温水和成糊状，再用小勺喂给宝宝。每次喂完米粉后，立即用母乳或配方奶喂饱宝宝，使宝宝的进食规律，不会形成少量多餐的习惯。观察3~7天，等宝宝耐受这个量后，可逐渐增加米粉。如果渐渐地，宝宝吃完辅食后不再喝奶，就说明宝宝已经吃饱了。

宝宝对米粉接受良好后，可在米粉中加入一些蔬菜泥，两餐之间进食水果。7—8个月后可开始加蛋黄、肉泥。坚果、海鲜最好1岁后再添加，以防过敏。刚开始添加新的食物需循序渐进，一次只添加一种，慢慢地可以将宝宝能接受的食物和新食物一起添加。

让孩子尝试自己进食

6个月之后，宝宝就可以尝试自己拿杯子或勺子吃东西了。专为孩子设计的餐具，通常能很快地帮助孩子学会这些本领。

宝宝练习用杯子喝水时，刚开始杯中不要倒太多水。在练习期间，宝宝有可能会把水洒出来，或者不知道如何用吸管吸水。喝水的技巧需要时间训练，可以用宝宝喜欢的蔬菜汁、果汁诱导他练习。

或许突然有一天，你会发现宝宝能自己喝水了。

准确地将勺子里的食物吃进嘴里，这个看似简单的动作，对1岁内的宝宝来说，并不是那么容易。宝宝开始练习使用勺子时，要为他选择勺面比较平坦的、非金属材质的勺子，以防烫着、戳着宝宝。从能抓握勺子，到宝宝能自己拿着勺子吃东西，需要很长一段时间。不过如同其他事情一样，父母的耐心和示范会带给他莫大的帮助。

小贴士

从宝宝开始用勺子时，就可以让他跟着大家一起上餐桌了。请给他准备好自己的餐椅、餐盘，迎接他成为餐桌上的一员。在宝宝学会用勺子吃饭之前，他可以直接用手去抓食物，比如切成碎末的苹果、撕成小条状的馒头、小块红薯或南瓜等。为了让他有成就感，不要一次往宝宝的餐盘里堆放太多东西。

多训练宝宝的咀嚼能力

6—12个月是宝宝发展咀嚼和吞咽技巧的关键期，过了关键期再去学习就会相对困难。当宝宝有上下咬的动作时，就表示他咀嚼食物的能力已初步具备，父母要及时进行针对性的锻炼，根据宝宝的进食能力及时调整食物粗细。最好能在宝宝大约9个月后，让他咬馒头皮、面包皮、面条等有嚼劲的食物，可以练习用牙齿咬、啃、嚼等动作。

如果辅食一直都过于精细，宝宝的咀嚼功能就得不到应有的训练，也不利于牙齿的萌出和萌出后牙齿的排列。食物未经咀嚼也不会产生味觉，既勾不起宝宝的食欲，也不利于味觉的发育，面颊的发育同样会受到影响。

3. 变成孩子的玩伴

当孩子被各种色彩鲜艳、功能多样的玩具包围时，我们不经意间把孩子交给了这些没有思维、没有情感的物品，而忽视了对孩子的陪伴，忘记了父母才是孩子最好的玩伴。看他玩、陪他玩、用他的方式跟着一起玩，你才能体会到孩子玩耍的方式，才能更好地理解他、懂他。

从孩子的视角看世界

放下身段，把自己变成一个小孩。从陪孩子一起躺着、坐着，到爬着、走着，你会发现孩子的世界是一个美妙且奇特的世界，他对世界有独特的感知，有对现实鲜明的情绪反应。如果你想走进孩子的世界，必须在某种程度上把自己变成一个孩子，从孩子的心灵出发理解孩子，从孩子的认识角度去重拾教育。

有时候孩子并不需要你加入他的游戏，你在身边陪伴他、看他，就能让他心满意足了。坐在他身边让你有机会观察到，孩子想出了什么新玩法，他的成长发展是否又向前迈进了一大步。不管是玩简单的翻身游戏，还是摇晃玩具发出响声，观察可以帮助你躲在宝宝的眼睛后面，用他的眼光来看周围的事物。你会发现，有些在成人看来简单得不能再简单的事情，对0—1岁的宝宝来说却是巨大的挑战。

除此之外，陪着孩子一起玩，向孩子传递了一个信息：我喜欢你，你对我来说很重要。而这种信息的长期传递，让孩子收获的是自尊和自爱。

一物多玩的探索

当孩子玩得自得其乐、专心忘我时，请不要打扰他，让他继续玩。如果时机恰当，你也可以加入——循着孩子进行的方式加入，先让游戏继续，然后再用同一件玩具变化出他没看过的玩法。注意不要一次示范太多，每次最好只给一种玩法，并且是以孩子熟悉的游戏方式来进行。比如，一条丝巾，在孩子不同的月龄阶段可以有不同的玩法。

2—3个月：我们来一场丝巾雨吧

该阶段可以用丝巾创造温柔、美好的感官体验。例如，宝宝平躺着，在他头部上方摇动丝巾，下一场"丝巾雨"。你会发现，他会目不转睛地追视，跟着手舞足蹈；偶尔有几滴"雨点"（丝巾一角）轻轻"落"（碰触和摩挲）到他的小脸上，他会咯咯地笑出声来。

4—6个月：我们来玩躲猫猫

宝宝这时已非常喜爱和照料者互动、游戏。你可以用丝巾的一角遮盖住自己的脸，随即掀开，并发出"喵"的声音。婴儿尚不能理解客体永恒的概念，见到妈妈在眼前消失后又突然出现，令他觉得惊奇又开心。当孩子喜欢这个游戏时，你可以放手，让孩子去掀开你的丝巾。或者慢慢地，把丝巾盖在孩子脸上，问"宝宝呢？宝宝在哪里"，孩子会迫不及待地拉下丝巾。

7—8个月：小手手，出来了

等到宝宝会坐了，你可以用丝巾将他整个裹起来，变成一个大粽子，一起玩"小手手，出来了"的游戏。你可以问宝宝："呀！小手手不见了，在哪儿呢？"然后帮助宝宝把手露出来，说："哈！小手手，小手手，出来了！"或者用身体的其他部位，如肚子、脚等，这可以帮助宝宝认识自己的身体。

9—10个月：抓住啦

爬行期开始后，可以将丝巾放在宝宝前方缓慢地拖曳、移动，吸引他跟着爬过来。等他抓住丝巾那一刻，一定要发出惊喜且夸张的声音："哇！抓住啦！"

11—12个月：谁的尾巴那么长

宝宝慢慢开始学走路的时候，可以把丝巾系在宝宝的身上充当拖拉玩具。你试着跟在宝宝的后面，怪声怪气地说："这是谁的尾巴呀，那——么长！"然后伸出手去拉。这时，宝宝会一边大笑一边跌跌撞撞地往前逃去。

大自然是宝宝最好的玩具箱

亲近大自然是人类最原始的渴望，人与自然本身就是融为一体的。父母应该多带宝宝到大自然中走走，和宝宝一起感受早晨的日出和晨露、夜晚的月光和星空；听听鸟语花香，蝉鸣不止；感受微风拂面的清爽；看阳光下跳舞的绿叶。

感受比知道更重要

亲近大自然并不是为了让宝宝在自然中学习多少知识或技能，而是让他在自然中愉悦身心、释放天性，发现自己感兴趣的事物并专注地观察、投入地玩，享受阳光、空气、雨露的滋养，喜欢并热爱大自然。对宝宝来说，"感受"远比"知道"重要，他的感受和经验才是日后智慧发芽的肥沃"土壤"。

很多父母觉得，没有时间陪宝宝到真正的大自然中去，或者不知道该怎样陪伴宝宝。其实，只要有一小片绿地，就能保持宝宝和自然之间的联系，做到每日"亲自然"。父母要做的只是静静地陪伴在宝宝身边，静静地看着他玩耍。

"牵着蜗牛去散步"

孩子的兴趣点往往会聚焦到一些细小的事物上，也许只是路边一个小得不能再小的水坑，或是草丛里的小虫子、小石子，或是一个小土块。这些在成人眼里几乎可以忽略不计的事物，对他来说却都是宝贝。每当这个时候，父母需要做的只是停下脚步，耐心地陪着他。"牵着蜗牛去散步"，不催促他，不打扰他，只是认真地观察他在做什么，猜测他在想什么，如果他需要帮助，再上前给予支持。

不限制，不束缚

在自然中，要尽量给宝宝营造宽松的氛围，只要没有危险，你都可以尽量对他不束缚、不限制。这一点说起来容易，真正做到并不容易。宝宝喜欢用嘴巴探索世界，在户外，他会把各种树叶都品尝一遍。父母只需要先帮他擦拭一下树叶，然后就可以让他尽情地用嘴巴和树叶"亲密接触"了。当宝宝还不会走，只会爬时，可以把他放在草地或土地上爬。你或许会遇到好心的路人提醒："地上很脏。""地上太凉了。"——父母需要做的只是笑着说声谢谢，不过记得回家后要帮宝宝擦洗干净。

小贴士　找寻自然的乐趣

一起去追风

丝巾迎风飘：带上你的漂亮丝巾，迎风举起，瞧，丝巾和风儿一起跳舞。

舞动的树叶：带孩子去看不同的树叶随风舞动，春天的柳条，

夏天的石榴树，秋天的红枫，冬天的松柏。

小风车呼呼地转：一张纸，一个小棒，便做成了这小小的风车，当它在风中呼呼地转起来时，宝宝会兴奋不已，对它着迷。

感受雨的魅力

看雨在跳舞：雨是一个跳舞的小精灵，咚咚咚，滴滴答，不同的舞台，不同的配乐。

雨后的天空：不妨和宝宝一起欣赏干净的雨后天空吧，说不定还能看到美丽的彩虹呢！

发现百草园

蒲公英和它的宝宝们：轻轻地向蒲公英吹一口气，让我们把蒲公英宝宝们送去旅行吧。

一起来捡树叶：把落在地上的树叶捡起来，看一看不同的树叶像什么。

自己动手做玩具

有些玩具是可以自己动手做的，如果你觉得自己这方面实在不在行，也可以充分利用家里的废旧物品，稍稍变化，就做好了。不过要注意的是，务必选择孩子放进嘴里也不要紧的材料。

自制玩具最好的材料就是硬纸板，可以用它剪出各式各样的东西，例如，彩色的星星，或是一个可以在上面画画、粘东西的大圆形。

图画书也不难做，书中的图片你可以自己画，也可以从报纸杂志上剪下来。纸张的中央用订书针或线装订好，再对折成书。

可以在纸盒中放入各种材料，如豆子、米，甚至积木。每星期放不同的东西，再用胶带密封起来，做成能发出不同声响的玩具。

大的纯净水桶最适合用来当作鼓，可以让宝宝用小手在上面随意敲打。

回顾与思考

1.宝宝生病时，你该如何面对？

2.宝宝何时可以添加辅食？添加辅食的条件是什么？

3.你有过一物多玩的探索经验吗？试着陪孩子一起探索某个玩具的多种玩法。

4.动手给你的孩子做一个玩具吧。

10

第 十 章

你问我答

1. 如何给宝宝做抚触?

爸爸平时工作很忙，好不容易周末有时间能和宝宝相处一会儿，想试试有什么能为宝宝做的，也为妈妈分分忧。听说抚触按摩对小宝宝很有益，可以有机会与宝宝更亲密。可是，爸爸真的具体操作起来却手忙脚乱、不得要领，我在一旁真是哭笑不得。

抚触时，宝宝应在温暖的环境中，室温28℃左右为宜。选择你和宝宝都觉得舒适的地方，例如床上、沙发上、地毯上，播放一些舒缓的有助放松的音乐，在宝宝安静不烦躁的情况下开始（不能在宝宝饥饿、疲劳或刚吃完奶时抚触），如刚洗完澡就是不错的时机。也可以倒些婴儿润肤液于手掌中，起到润滑作用。最重要的是，抚触应该是"互动式"的，记得同宝宝保持眼神的交流，温柔地告诉他，你要开始按摩了。

从腿开始，一手抓住宝宝的脚，另一只手在宝宝的腿上抹润肤液，先脚踝，后大腿。接着，把宝宝的大腿分开，从大腿开始，温柔地搓按，直到脚。最好双手同时转动宝宝的脚，从膝盖到脚踝。当按摩脚踝部位时，用你的拇指围绕着脚踝和脚轻轻按压。最后，作为收尾动作，从大腿到脚踝给宝宝做轻轻的抚摸。

按摩宝宝的腹部，要让你的双手交叠，从胸腔往下做圆形的滑动。接着，围绕着宝宝的肚子做顺时针方向的圆形移动。最后，用你的手指头"走"过宝宝的肚子。

按摩胸部，两手从中间滑向两边，再返回，就像抚平书里的一页纸一样。

手臂和手的按摩与腿脚部分相同，只是到腋窝处要停下来，按摩腋窝的淋巴结点。

脸部的按摩自成一体。两手轻轻地按摩，轻轻地按压、前推，用拇指画圈圈，最好以手指轻轻地从额头梳到脸颊作为收尾。

最后是背部，这是每个人都喜欢的部分。用你的手指在整个背部轻轻地画小圆圈，然后用手指头轻轻地从宝宝的背梳理到臀部、大腿，一直到脚踝。

2. 给宝宝的玩具、奶瓶、衣服过度消毒好吗？

宝宝出生以来，我特别注意他的卫生问题。平时所有用品都要消毒，奶瓶都要用开水煮好几遍，衣服有时也拿开水烫，甚至还买了专门的紫外线消毒柜帮宝宝把玩具也消毒。但也不知道怎么回事，我的宝宝还是会常常拉肚子，难道是我的消毒杀菌工作还做得不够细致吗？

有些妈妈以为，只要有细菌就会不干净，所以细菌越少越好。其实，细菌也分致病菌和有益菌。宝宝肠道内有许多能够帮助消化吸收营养物质的有益菌，肠道功能在某些方面要依靠这些细菌。如果有益菌群被杀死，容易造成菌群失调，宝宝就会出现肠胃不适、腹泻、腹痛等症状。

很多妈妈会在家中常备消毒剂，出门时也会常备消毒纸巾，以便随时为宝宝的双手及其所接触的物品进行消毒清洁。这样做的结果是，宝宝无法接触到细菌，人体免疫刺激不足，抵抗力反而会下降。此外，过度依赖消毒剂还是诱发过敏的因素。

所以，清洁应该适度，少量的细菌并不会对宝宝的健康构成威胁。我们要保证宝宝所处的环境是干净整洁的，但千万不能是完全"无菌"的。

大部分宝宝的玩具、衣服、被褥、书籍等都可以通过阳光的照射利用紫外线来杀菌。对于宝宝的玩具，可以定期清洗暴晒，无须特别消毒。塑料材质的玩具可用清水擦洗，毛绒玩具只需拍打去除毛绒中的灰尘等脏物并置于阳光下暴晒，布艺玩具则可定时用水洗。宝宝的衣物、床被，可使用婴幼儿专用洗衣液进行清洗，慎防衣服消毒液中的化学物质刺激宝宝皮肤。家里的地板也只需日常清水擦洗即可。

3. 给不给宝宝安抚奶嘴?

每次乐乐一哭闹，只要递上奶嘴，便能很快使他安静下来。可是，最近问题来了，我们打算母乳喂养，但过程一直不顺利。乐乐有时候很急，吸不上奶不说，还把我弄得生疼，大人小孩都受罪。

吮吸、拥抱、喂奶三者都是久经考验的能让宝宝舒服的事。对于有强烈吮吸需求的宝宝，在某些特殊的情况下，奶嘴还是可以接受的。当宝宝精神不佳、打盹欲睡时，或在一些特定的场合，如坐飞机或坐车等，宝宝哭闹可能会影响他人时，安抚奶嘴可以帮助宝宝迅速平静下来。

但在母乳喂养的头几周，宝宝刚开始学吃奶时，他们的小嘴最好只接触妈妈的乳头。宝宝吸吮奶嘴和母亲的乳头的方式不同。奶嘴的底部比较窄，他们不必把嘴张得很大。习惯了奶嘴再适应妈妈的乳头就比较困难了，宝宝的吮吸技巧可能会比较差，容易让妈妈感到疼痛。所以，在宝宝学会吃母乳，并且母乳供应充足的情况下，可以考虑使用奶嘴。

如果孩子确实很喜欢吮吸奶嘴，请试着逐步减少他的吮吸时间。过度吮吸奶嘴可能会妨碍宝宝的口腔肌肉、唇、舌的发育，这会直接影响到之后的语言发育。有些宝宝频繁地吮吸奶嘴长达三四年之久，这对牙齿的生长也会有影响。

总之，安抚奶嘴最好适量使用。试试探索适合自家宝宝的满足他吮吸需求的方法。比如，妈妈的手指也可以替代奶嘴产生同样的安抚作用，这比奶嘴更安全，更不容易"丢失"，半夜里宝宝哭醒时，也更容易"找到"。

4. 为什么我的宝宝总是吐奶?

宝宝现在 3 个多月，很容易吐奶。刚喂进去的奶能像倒水一样倒出来，有时候吐得多了，围兜也兜不住，一天下来要换七八套衣服。我们挺注意抱姿的，喂好奶后都会竖抱一会儿，再拍拍背。可还是没有什么好转，很担心宝宝奶量不够、营养不良。

头几个月，大多数宝宝都会吐奶，这是较常见的现象。这大多与宝宝的胃喉部位发育不成熟以及喂养方式不当有关。

宝宝吸奶时总是会一口气吞下奶和空气，空气在胃里落到了奶下面。而宝宝的胃还未发育好，一旦不能很好地收缩时，一部分奶水就像气枪发射子弹一样被推向食道。有时妈妈奶水比较充足，宝宝狼吞虎咽，吸入太多，胃里装不下，就会吐些出来。奶瓶喂养的宝宝，如果奶嘴上的孔太大也会导致宝宝喝奶过快。喂奶姿势不当，比如将宝宝放平喂奶，或吃奶之后推挤、晃动宝宝，也会导致宝宝吐奶。

如果宝宝容易吐奶，那就慢点喂。宝宝只有个小小的肚子，记得这一点。喂奶要适量，不宜过多，时间也不能过长。如果是喂奶粉，可以少食多餐。

在喂奶过程中和喂奶之后，拍拍宝宝的背。吃奶粉的宝宝，每吃 90 毫升左右，就要给他拍拍背。母乳喂养的宝宝每换一边乳房喂，或在吃奶的过程中稍作停顿时，都要帮他拍拍背。

喂奶前要选择一个舒适的姿势，不能仰卧时给宝宝喂奶，也要避免翻动宝宝。喂完奶后的二三十分钟内都要让宝宝保持直立姿势，轻拍其背部。

大多数宝宝在六七个月大，学会坐直以后，就不会再吐奶了。但如果宝宝持续吐奶并伴随体重减轻、吐奶的频率增加且以喷射方式吐奶，或者吐出的奶汁是绿色甚至伴随肠痉挛，就需要寻求医生诊治了。

5. 穿尿不湿会影响腿型吗?

最近在给宝宝换尿不湿时，发现宝宝的腿好像是弯的，像小青蛙的腿一样。刚好前段时间也给宝宝换了新的牌子的尿不湿，难道是尿不湿太紧、穿了太久导致腿变形? 之前也没怎么注意，现在想想，宝宝都要穿尿不湿到一两岁，这会不会影响他的骨骼发育，把宝宝穿成"罗圈腿"?

婴儿时期的腿部发育对宝宝一生的成长都是至关重要的。当你看到宝宝躺着时腿和脚向内弯曲，用手轻轻拉直后，一会儿宝宝的腿又弯了，这并不代表宝宝就是"罗圈腿"。

基本上所有新生儿的腿部都是偏 O 形的，这并非异常。由于在母体子宫内的空间有限，胎儿是以双腿交叉蜷曲、臀部和膝盖拉伸的姿势生长的，因此腿和脚是向内弯曲的。出生后，随着宝宝的运动发展，臀部和腿部肌肉力量的加强，宝宝的双腿和脚就会慢慢变直。通常情况下，自然发育到两岁左右，宝宝的腿就会自行矫正，渐渐恢复成正常腿型了。

目前还没有任何关于使用纸尿裤造成婴儿罗圈腿的医学报告，可以说罗圈腿与纸尿裤无关。但如果纸尿裤的尺码不合适，或是包裹的方式不正确，长期这样则有可能造成宝宝因髋关节脱臼而发生肢体变形。有些爸爸妈妈在换尿布时，会将宝宝的双腿拉直，并且裹尿布时又裹得过紧，从而使宝宝的大腿骨肌肉长期处于紧张状态。这样容易导致股骨头错位，不利于臼窝的发育，也容易引起脱臼。因此，换尿布时应让宝宝的两腿保持自然的姿势，不应施加任何影响股关节自然发育的外力。

如果宝宝平躺，两髋只能外展到 70°~80°，不能外展到 90°（正常婴儿可外展到 90°），或是宝宝的大腿皮纹和臀部皱褶不对称，一侧大腿和臀部的皱褶增多并且上移，说明宝宝有可能发生了髋关节脱臼，应去医院检查。

6. 宝宝睡觉一向很乖，为何最近总是半夜哭闹？

宝宝出生 1 个月后就能睡整觉，并且不夜奶，晚上睡觉还算让我们省心。最近刚满 4 个月，宝宝突然开始频繁夜醒，有时候还莫名其妙地哭得歇斯底里，好不容易睡着了也不老实，在床上翻来覆去，特别是下半夜，基本翻足 2 个小时才睡！这让我感到很沮丧，担心宝宝受到了什么惊吓，又心疼又不安，真是感觉要崩溃了！

可能很多人有这样的遭遇。当你正欢呼雀跃宝宝最近学会了翻身、走路、说话的新技能时，殊不知，接下来他冷不丁地给你来一出跌宕起伏的睡眠大戏——晚睡、闹觉、落地醒、夜哭等。

没错，这就是传说中的"睡眠倒退"。睡眠倒退期特指一个阶段（大概 1 周到 4 周左右时间），表现为本来睡眠很好的宝宝突然毫无征兆、毫无原因地频繁夜醒；哭闹和情绪化表现加剧，难以被安抚；白天的小觉变得毫无规律，小觉的时间也缩短，有时甚至直接跳过；食欲改变，比平时吃得更多或更少。

简单说来，两类事情会导致睡眠反复和倒退。一是让宝宝不舒服的事情，比如长牙、打疫苗、生病。二是与生长发育相关的事件，比如大动作发展期、猛长期、大脑跳跃期。一般所说的狭义的睡眠倒退指第二种情况。

大动作发展期：翻身、坐、爬、站、走等都是大动作发展的里程碑阶段。在这些阶段，宝宝可能会变得异常活跃、精力满满。如果这种精力在白天没有消耗掉，晚上的睡眠灾难就会接踵而来。比如，宝宝 4 个月左右的翻身期就是睡眠倒退的最常见表现时期，夜间频繁醒来、接不上觉是典型表现，往往一个翻身动静太大，就把自己弄醒了。

猛长期：大多数宝宝 1 岁前会经历多次猛长期，一般发生在 2—3 周、4—6 周、3 个月、4 个月、6 个月、9 个月。宝宝在这些阶段会食量增加、成长加速，会因为需求增多而变得烦躁，主要表现为喂养间隔显著缩短、不规律，吃奶时脾气比较急躁，连续睡眠时间缩短等。猛长期一般持续2~3天，有时也会持续1周左右。

大脑跳跃期：宝宝一岁半前，大脑发育会有10个跳跃式发展的高峰期（与大动作发展期会有重合），宝宝的认知等方面的能力有很大进步，比如开始认生、学会玩玩具、开始咿咿呀呀地发声等，但他们往往也变得比平时更易怒，黏人，食欲不佳，睡眠不好。

7. 如何应对宝宝的睡眠倒退期？

宝宝本来白天的睡眠很稳定，上午睡一觉，下午睡一觉，每次能睡1~2个小时。但是这一阵子，白天基本上没怎么睡好过。本以为白天没睡好，晚上睡觉应该不会有什么问题了，可宝宝还是睡不安稳。这就是宝宝的"睡眠倒退"吧？有什么好的办法可以帮助宝宝吗？

半岁前（4个月左右）。4个月时，宝宝抛弃了新生儿的睡眠模式，逐渐形成类似于成人的睡眠模式。爸爸妈妈要掌握好宝宝入睡的时间段，抓住他发困的信号，尽量定时小睡。如果你有一套安抚的方法，这个时候不要轻易改变，以免宝宝焦虑不安，比如奶睡、唱摇篮曲、抱睡（不是一直抱，睡着前抱）。避免动不动就抱着来回摇晃睡觉、熟睡了还抱着等过度的安抚，以免宝宝对此形成过度依赖。待宝宝的睡眠逐渐恢复正常，要着手建立适合宝宝的睡眠计划，帮助他学会自主入睡。

半岁后（8—10个月）。这个阶段的睡眠倒退主要是因为宝宝发育的突飞猛进。在这个阶段，白天尽量创造机会给宝宝"放电"，让他多运动，消耗精力。晚上的睡眠环境也很重要，一旦要准备入睡，就得关灯、停止娱乐、保持安静，养成良好的睡眠习惯。

8. 宝宝越早走路越好吗?

宝宝才四五个月时，爷爷总喜欢抱着宝宝蹦跶，宝宝也很喜欢，每次都跳得很欢。慢慢大一点了，宝宝似乎越来越喜欢站了，有时候甚至扶着能走几步。爷爷抱她出去时也难免想炫耀一番——"喏，我的孙女8个月就会走路了！"我心里有些疑惑，不知道该不该让宝宝这么快就学走路。

听人说，宝宝走路越早就表示宝宝越健康越聪明，因此不少父母都急于让宝宝提早学走路。其实，这种做法非常不科学。一般来说，宝宝2—3个月会抬头，6—7个月会独坐，8—9个月会爬行，10—11个月学会站立，12—16个月才会走路。

宝宝过早地学习站立、走路，下肢、脊柱的骨质柔软脆弱而难以承受超负荷的体重，不仅容易疲劳，还可使骨骼弯曲、变形，出现O形腿或X形腿，较为肥胖的宝宝更甚。在足弓尚未较好形成的情况下练习走路，宝宝的全身重量压在足部，很容易使足弓负担过重而逐渐导致扁平足。宝宝行走时，为了防止跌倒，两腿需扩大角度，分得更开，会影响正常的步态，时间一长，便会形成"八字步"。而且，宝宝出生后的第一年，脊柱的增长快于四肢。若没到相应的月龄，宝宝就学坐、学站、学走路，可能引起脊柱的过度屈曲，影响其身高。

宝宝的动作发展通常遵循一定的规律。学会站立之前，宝宝应多练练爬行。爬行能锻炼宝宝的腰臀和上下肢的肌肉，还能促进眼、手和脚的协调能力的发展。父母应让宝宝尽情地爬，直到他的能力发展到可以站起来的时候，宝宝自然就会站、就会走了。

9. 为什么我的宝宝不爱爬?

有一天逛街的时候，无意间看到商场举办的宝宝爬爬比赛，好多宝宝爬得可快了，看得我那叫一个心血沸腾。回到家，问题来了，我家的那个胖小子9个月了还不会爬！真是急死我了！为什么别人家的宝宝爬得那么好？我们这个什么时候才能学会爬呀?

随着大肌肉力量的发展，宝宝们在6—8个月时开启了自己的爬行时期，他们大多成功爬离了躺着或趴着的视野，去更广阔的世界探索。但由于宝宝个体之间的差异，有些宝宝可能不到5个月就学会了爬，而有些宝宝可能要到15个月才学会，还有一些宝宝甚至直接跳过爬行阶段进入下一个动作发展阶段。

对于很多爬得晚或爬得不太好的宝宝，爸爸妈妈们内心总是充满焦虑。

好奇和探索欲是宝宝想爬的真正原因和动力。如果爸爸妈妈总是能充分满足或代替宝宝完成对周边事物的探索，例如，宝宝不用爬，玩具就送到了手里，那他就失去了爬行的原动力。久而久之，宝宝也就"懒"得爬行了。

爬行是一个全身运动，需要四肢、颈部、背部和腰腹部肌肉的协调参与。吃得多、睡得多、动得少的宝宝，自然肌肉力量与协调性不足。那些时常被抱在怀里，很少有机会能练习抬头、翻身或坐的宝宝，一旦开始学习爬行，就会感觉好辛苦、好累。

爬行的过程也需要父母的支持和帮助。比如在宝宝爬行的初期，上肢的力量通常强于下肢，很多宝宝便会倒退着向后爬，这时父母就需要用双手顶住宝宝的双脚，让宝宝借力向前。当宝宝缺乏爬的动力时，如果有父母的耐心配合与引导，宝宝的爬行就会变得更容易、更有乐趣。

10. 宝宝不会爬直接走了怎么办？

我家宝宝个性似乎很特殊，小时候就特别冷静，到了该学爬的月龄也还是保持一贯高冷范儿，任你怎么引诱都不爬。现在快 1 岁了，宝宝对走路这件事却兴趣十足，已经能自己扶着婴儿床边缘站起来并且走几步了，真不知道是该开心还是担忧。

爬行是宝宝一生中手、脚等各个身体部位的最先综合协调使用。爬行时，宝宝学会用四肢支撑身体的重量，骨骼、四肢、胸腹和背部的肌肉得到有效的锻炼，站立和行走的发展也以此为基础。

但是，对一些宝宝来说，爬行可以是一种可选技能，不能视为衡量全面发育的技能。没学会爬就开始走，其实并不是一件非常可怕的事情。少数宝宝会跳过爬行而直接学走路，神奇的是他们往往走得还挺好的，虽然这并非是值得沾沾自喜的事情，但只要不是父母刻意引导宝宝跳过爬行就走路，便也无关紧要。父母不用因此恐慌，并不是不爬就走的宝宝心智就异于常人。只要他能学会协调两侧的身体，能较好地控制手臂和腿就好了。不过需要提醒的是，如果宝宝到这个阶段还无法调动肢体来移动身体，就应当咨询医生了。

11 我的宝宝只会倒着爬，要紧吗?

我家宝宝上个星期刚刚有点会爬的迹象了。不过搞笑的是，他不是像我看到的其他宝宝那样把肚子抬起来、用小手和小脚配合爬行，而是只用双手将自己向后推出去。我帮他把肚子抬起来，他却反而停下来了，不知道这样要紧吗?

首先，恭喜你的宝宝又掌握了一项新技能。我们来看看大部分宝宝爬行的基本顺序：用脚趾和膝盖匍匐；头能抬起，但腿的运动很有限；对头和肩的控制能力提高；能用手臂支撑上身；很难协调头和上身，上身抬起来，头就撑不住了；开始移动上身，但不能协调手臂和腿来运动；能协调手臂和腿的运动而爬行了。

手膝爬算是爬行的最标准方式，是大部分宝宝采用的姿势，但并非只有手膝爬行才算是爬。每个宝宝的发展速度和方式不同，他们会依自身的情况发展出多种爬行方式。

向后倒退爬。向后倒退爬是最初也是最常见的一种爬行方式，由于宝宝上肢的肌肉比腿部的肌肉发育更早，刚开始爬时，他可能会推着自己一路倒退。

肚子贴地爬。这很容易发生在胖嘟嘟的宝宝身上。因为体重较大，宝宝大部分时候只能在原地挥动双臂和双腿。好不容易膝盖和手臂能够支撑了，却因为腰腹力量不足而只能肚子贴着地前进。

匍匐前进。有时候宝宝还没有学会协调左右两侧的身体，但他已经能控制单侧的手臂和膝盖来移动。

翻滚前进。翻身技能娴熟的宝宝可能是翻滚着来移动自己；有些宝宝是用半坐的状态拖曳着一条腿向前坐爬；还有些宝宝甚至可以直接坐着用屁股向前挪动。

据统计，即便是身体没有任何问题的健康宝宝，依然会有 4%的宝宝会不按常理出牌。其实，宝宝究竟选用什么样的方式和手段来移动并不重要，重要的是宝宝正在努力实现独立运动。

12. 宝宝学走路可以用学步车或学步带吗?

最近，宝宝似乎能扶着沙发边缘慢慢挪几步了，我心里真是高兴。于是，我特意去商场挑了个质量不错的学步车，想把宝宝放进去，希望能帮助他更快地走起来，我们大人也轻松一点儿。可是，宝宝的爸爸回来一看到学步车就瞪大眼睛表示很惊讶，说之前听同事说过，宝宝用学步车学走路不好，学步带也不能用，会影响宝宝的发育。真的是这样吗?

宝宝学走路不要用学步车或学步带。

学步车、学步带一度被誉为学步神器。很多父母认为，把宝宝放进学步车，不用特别照顾，宝宝不会摔倒，没有危险，还可以练习走路，既省事，又省心。然而真相是，学步车不仅不利于孩子学走路，还会影响孩子的身体发育。有研究证实，婴儿长期使用学步车，容易导致 O 形腿或 X 形腿，日后走路姿势也易出现异常，如八字脚、踮脚走等。而使用学步带的宝宝，则会使自身的平衡性得不到良好锻炼，养成前倾或后仰、踮脚走路等错误走姿。

另外，要提醒的是，父母还需要根据宝宝的脚形来为学步期的宝宝选择舒适的鞋子，要选择有带扣或绑带的鞋子，鞋底要软硬适中。舒适的鞋子能帮助足部肌骨、关节处于发育期的孩子保持身体平衡，养成正确的走路姿势。

给宝宝一个安全的学步空间也非常重要。家具的摆设应尽量避免妨碍宝宝，家具边角、把手等要装上安全护套，危险物品应放置在高处或移走。

13. 宝宝这段时间总黏我（妈妈）怎么办?

宝宝这段时间很黏我。在外面玩的时候，宝宝表现还可以，但只要一看见我就张开手要妈妈，回家也哭着找妈妈。她现在好像只要我一个人，不论爷爷奶奶怎么做，都没用。除了睡觉，小家伙一刻都离不开我，像个小尾巴似的甩也甩不掉。有时她玩得好好的，转头突然发现我不在身边了，马上丢下手中的玩具到处找我。我很苦恼，每次上班都得偷偷地溜走，不然就脱不了身。

很多孩子都会在一个时期特别黏妈妈，妈妈一刻不在眼前都会焦虑。这在宝宝 6 个月至 2 岁时都会非常常见。

人是社会性的动物，出生后由于养育者对他的精心照料以及与他情感上的交流，宝宝与养育者产生了感情的联结，形成了依恋关系。通常，宝宝会在 6 个月至 2 岁之间对养育者产生明显的依恋行为。这个阶段，如果他们离开依恋对象，就会焦虑和反抗，产生"分离焦虑"。这其实是宝宝对安全和爱的渴望，是心理健康的一种表现。

一般来说，宝宝的这种焦虑不会长期持续下去。随着孩子年龄的增长，这种爱黏人的状况会逐渐缓解，父母不必过分紧张。但这种焦虑的强度不能过度持续，我们需要适度引导来帮助宝宝顺利度过这一时期。

创造机会让宝宝多接触除妈妈以外的其他人。家庭中其他成员，如爸爸、爷爷、奶奶、外公、外婆，也应该多与孩子接触，客观上分散宝宝对妈妈的过度依恋。待孩子长大一点后，可以带他出去转转，多与家庭成员以外的人接触，尤其是同龄的小朋友，让宝宝在陌生的环境中学会与人交往，提高其适应能力和社交能力。

创造一个安全、丰富、独立的成长环境。调整家庭环境的布置，并为宝宝提供各种玩具来转移注意力。有意识地让宝宝自己一个人玩，给予他独立探索的空间。不要用"妈妈不要你了""别过去，小心被坏人抓走"之类的语言吓唬孩子。

和宝宝建立一种信任的关系，避免痛苦的分离经验。有些妈妈对待爱黏人的宝宝，要么是表现得难以割舍，要么是趁宝宝不注意时偷偷溜走，这种行为反而会加剧宝宝的焦虑和恐慌，不利于安全依恋的建立，使得宝宝更加胆小、更加黏人。所以，如果妈妈要暂时离开，最好事先告诉孩子，并告知妈妈什么时候还会再回来陪宝宝一起玩，然后履行诺言。回来后，妈妈一定要跟宝宝打声招呼，告诉他你回来了。几次下来，宝宝就会知道你是可信任的，并不是因为不爱他而要离开他。

14. 宝宝怎么总是手脚发凉？衣服穿得不够吗？

最近带宝宝回外公外婆家小住。本来是件高兴的事，可外婆一看到宝宝就对我皱眉："衣服怎么穿这么少？这样子要着凉的呀，哎哟哎哟，你看这小手凉的！"我很无奈，他们总是抱怨我给宝宝衣服穿少了，有时候夏天都热出痱子了还要把宝宝捂得严严实实。对于老人们的热情，我有时候真是有点苦恼。

在照顾孩子生活起居的时候，父母经常出现的一个误区就是，摸一下孩子手脚发凉，就赶快给孩子多穿一些衣服。事实上，孩子手脚发凉是非常正常的现象。因为他们的血压比成人低很多，心脏力量弱，所以血液到不了手脚部分，造成末梢循环差、手脚发凉的现象。这和孩子冷不冷没有直接的关系。如果他们的手脚发热，则反而说明穿得过多了。

小朋友处在人生生长最快速、新陈代谢最快的阶段。无论是心跳还是呼吸频率都接近成人的两倍。新陈代谢越快，产生的热量就越多，一旦捂太多，热量散发不出去，则容易出汗长痱子，甚至出现中暑或者其他热病，尤其是很小的宝宝，很容易因此出现痱子、热疹等问题。

所以，无论是在冬天还是夏天，宝宝完全不需要比大人多穿几件衣服。只要不是导致冻伤级别的寒冷，都不会对身体有不良影响。父母要了解孩子的冷热情况，应该摸孩子的后背或者前胸这些躯干部位。温热但没出汗，就是最合适的。而当孩子手脚发热的时候，就需要为他们适度减少衣服了。

15. 育儿过程中如何应对质疑和批评？

宝宝比较内向、害羞，也有点黏人，可以算得上是个"高需求宝宝"。最近，趁着洗澡的时候让宝宝玩水，想给这个内向的宝宝一个"放飞自我"的机会。没料想，宝宝玩得兴奋的时候不小心撞在了墙上，头马上就红了。婆婆看见了心疼得不得了，不停地埋怨。我不知道该怎么向婆婆表达这些体验的必要性，再联想到从怀孕到现在，数次被身边的人质疑和批评，心里有点失落。

宝宝刚出生时，一定会有很多好心的朋友告诉你（有时是暗示，有时是明示），他们的育儿方式比你的好，尤其是当你恰好遇到一个高需求宝宝时，更是如此。你可能会感觉批评你的育儿方式就像攻击你的人格。下面几个方法可帮你应付这些批评。

自信。在他们看来，你可能是一个缺乏经验的新手妈妈，根本就不知道该怎么培养孩子。但是，自信是有感染力的！当一个自以为是的好事者被你气得快跳起来时，记得要自信地对他说："这对我的宝宝很有用。"

理解长辈"落后"的育儿观。大部分批评可能来自你的父母。

记住，在他们那个"小心把孩子宠坏"的年代，很多人更相信专家，而不是自己。如今，时代和专家都不同了。你要承认，如果换一个时间和地点，你可能也会采取不同的育儿方式。告诉他们，你觉得自己做得很好，你这个"又新又激进"的方法其实是经过实践检验的。把稍微能理解你的那位长辈发展成你的"盟友"，把焦点集中在那些相同的做法上。要试着理解父母的感觉。

保护好你的宝宝。大部分人不理解高需求宝宝，在他们看来，宝宝总是要人抱就是被惯坏了。你可能要做很多说服工作，但不要让人觉得你认定自己的方法是唯一正确的，别的方法都是错误的。对那些提建议的朋友，你可以设置一定的界限来判断，避免出现过度防御的心理。要仔细思考别人给出的意见是否有价值，如果没有，委婉地拒绝就好。

尊重不同的育儿方式。每个孩子都不一样，发展的速度和程度不一样，父母有权利选择适合自己孩子的育儿方式。要强调育儿方式是很私人的选择，不要鼓吹一种育儿方法在任何情况下都优秀于其他育儿方法。如果你选择了某种方法，并且帮助宝宝在各个方面都基本上达到了健康的平衡，那么大可以继续下去。宝宝的行为与发展将是你最好的证明。

主要参考文献

1. 秦旭芳 . 0—3 岁亲子教育活动指导与设计［M］. 北京：中国人民大学出版社，2017.

2. 文颐 . 0—3 岁婴儿的保育与教育［M］. 北京：高等教育出版社，2016.

3. 孙云晓 . 方法对了，父母就省心了［M］. 武汉：长江文艺出版社，2015.

4. 曹连元，邸晓兰，丁辉 . 产后抑郁障碍理论与实践［M］. 北京：中国协和医科大学出版社，2014.

5. 小巫 . 成功渡过母爱第一关——母乳喂养小百科［M］. 南宁：广西科学技术出版社，2010.

6. 林崇德 . 发展心理学［M］. 北京：人民教育出版社，2009.

7. 李燕 . 游戏与儿童发展［M］. 杭州：浙江教育出版社，2008.

8. 孟昭兰 . 婴儿心理学［M］. 北京：北京大学出版社，2005.

9. 布鲁克斯 . 为人父母［M］. 包蕾萍，李秀芬，马明伟，译 . 上海：上海人民出版社，2017.

10. 西尔斯 W，西尔斯 M，西尔斯 R，等 . 西尔斯亲密育儿百科［M］. 邵艳美，唐婧，译 . 海口：南海出版公司，2009.

后 记

《这样爱你刚刚好》是自孕期开始至大学阶段一套完整的新父母教材，全套共20册，0—20岁每个年龄段一本。之所以如此设计，是基于向不同年龄孩子的父母提供精准专业服务的需要。与常见的家庭教育图书相比，它不是某一位作者的个人体会和心得，而是40余位国内家庭教育专家集体研究和讨论的结晶，具备完整、科学的体系，代表了我国家庭教育发展的主流。

全国政协副秘书长、民进中央副主席、中国教育学会家庭教育专业委员会理事长、新教育实验的发起人朱永新教授，最先提出了编写如此庞大规模的新父母教材的设想，并且担任了第一主编。我和新家庭教育研究院副院长蓝玫一起，与中国青少年研究中心家庭教育研究所所长、《少年儿童研究》杂志主编刘秀英编审，中国青少年研究中心少年儿童研究所所长孙宏艳研究员和上海师范大学学前教育系主任、博士生导师李燕教授三位分主编，讨论并确立了本套教材的编写框架。

在中国的家庭教育领域，已经有多种多样的教材或读本，但水平参差不齐，而决定质量的关键因素是编写思想与专业水准。因此，新家庭教育研究院联合中国青少年研究中心和上海师范大学一起组建高水平的专业团队，来完成这一重大而具有创新意义的任务。具体分工如下：由上海师范大学学前教育系承担孕期及学前教育阶段的编写任务，由中国青少年研究中心家庭教育研究所承担小学教育阶段的编写任务，由中国青少年研究中心少年儿童研究所承担中学教育及大学阶段的编写任务。

孕期及学前教育阶段的作者是：孕期，上海师范大学副教授王晓芳，上海师范大学讲师赵燕；0—1岁，南京市江宁区竹山幼儿园教研主任陈露，小小运动馆课程总监杨薇；1—2岁，上海师范大学闵行区实验幼儿园教师胡泊；2—3岁，上海师范大学天华学院教师王英杰，上海市青浦区教师进修学院教师黄开宇；3—4岁，安徽池州学院教师吴慧娴，上海市宝山区吴淞成人中等文化技术学校教师吕芳；4—5岁，上海师范大学天华学院学前教育专业主任、副教授扶跃辉，上海师范大学天华学院教育学院院长助理张丽，王茜、潘莉萍、李艳艳、黄海娟、杨艳等教师参加编写；5—6岁，上海市闵行区莘庄幼儿园教师申海燕、陆夏妍。

　　我与刘秀英、孙宏艳和李燕三位分主编担任了审读与修改任务，在我突患眼疾的情况下，蓝玫副主编、首都师范大学副教授李文道博士承担了部分书稿的审读任务。第一主编朱永新教授亲自审读了每一册书稿，并提出了细致的意见，承担了终审的责任。

　　湖南教育出版社在黄步高社长的坚强领导下，不仅以强大的编辑团队完成了出版任务，而且创办了一年一度的家庭教育文化节，为推进我国家庭教育发展提供了强大的学术支持，展现了优秀出版社的远见、气魄和水准。

　　作为一个从事教育事业45年的研究者，我撰写和主编过许多著作，却很少有过编写新父母教材这样细致而艰巨的体验：从研讨到方案，从创意到框架，从思想到案例，从目录到样章，等等。尽管如此，这套教材还存在很多不足。同时我也深知，一套教材的使命，编写与出版其实只是完成了一半，另一半要依靠读者完成。或者说，只有当读者认可并且在实践中发展和创新了，才是一套教材的真正成功，也是对作者和编者的最高奖赏。

　　我们诚恳希望广泛听取读者和专家学者的批评指正，我们对您深怀敬意和期待！

孙云晓

2017年9月

图书在版编目（CIP）数据

这样爱你刚刚好，我的0—1岁孩子 / 朱永新，孙云晓，李燕主编.—长沙：湖南教育出版社，2017.11
ISBN 978-7-5539-5726-5

Ⅰ. ①这… Ⅱ. ①朱… ②孙… ③李… Ⅲ. ①婴幼儿—家庭教育 Ⅳ. ①G781

中国版本图书馆CIP数据核字（2017）第214018号

ZHEYANG AI NI GANGGANGHAO,
WO DE 0—1 SUI HAIZI

书　　名　这样爱你刚刚好，我的0—1岁孩子
出 版 人　黄步高
责任编辑　廖芬芳　李海棠
封面设计　天行健设计
责任校对　丁泽良　王怀玉
出　　版　湖南教育出版社（长沙市韶山北路443号）
网　　址　http://www.hneph.com
电子邮箱　hnjycbs@sina.com
微信服务号　极客爸妈
客　　服　电话 0731-85486979
发　　行　湖南省新华书店
印　　刷　深圳当纳利印刷有限公司
开　　本　787×1092　16开
印　　张　12.25
字　　数　100 000
版　　次　2017年11月第1版　2017年11月第1次印刷
书　　号　ISBN 978-7-5539-5726-5
定　　价　48.00元